Anna Meetschen
Jerzy Popiełuszko

ANNA MEETSCHEN

JERZY POPIEŁUSZKO
und das Wunder seines Lebens

MIT EINEM VORWORT
VON MARTIN LOHMANN

1. Auflage 2019
© fe-medienverlags GmbH
Hauptstr. 22, D-88353 Kißlegg
www.fe-medien.de

ISBN 978-3-86357-229-7

Lektorat: Dr. Stefan Meetschen
Umschlaggestaltung: Manuel Kimmerle
Druck: orth-druk, Białystok (Polen)

Printed in EU

Inhaltsverzeichnis

Vorwort

Wer mit hörendem Herzen und sensiblem Geist das Grab des Märtyrers Jerzy Popiełuszko sowie die Kirche, in der dieser junge Priester segensreich und unerschrocken wirkte, in Warschau besucht, kann etwas spüren von einem Menschen, der im Vertrauen auf Gott Klarheit, Mut und Wahrheitsliebe schöpfte. Seine Mutter Marianna, die zusammen mit dem Vater und Tausenden Trauernden ihren von den Kommunisten brutal ermordeten Sohn zu Grabe tragen musste, meinte einmal fast nüchtern: „Er machte nichts anderes, als den Glauben aufzuzeigen." Und genau das störte in einer zur Gottlosigkeit erklärten Welt Polens.

Menschen, die sich mutig und freundlich zugleich wie der selige Jerzy zu Jesus Christus bekennen und jeder Versuchung zum Abfall und zur Relativierung der Wahrheit widerstehen, störten immer. Sie stören auch heute. Nicht nur deshalb ist es faszinierend, dem Leben, Wirken und Glauben dieses außergewöhnlichen Seelsorgers, der nichts Außergewöhnliches tat, als kraftvoll und kraftspendend treu zu bleiben, nachzuspüren.

Sein „Verbrechen" für eine Welt, die sich selbst zum letzten Maßstab erhebt und vor einer die Verantwortung herausfordernden Wahrheit fürchtet, war die gelebte Erkenntnis, dass „die Wahrheit und ausschließlich nur die Wahrheit die erste Voraussetzung für das Vertrauen ist". Weil er sich auch in Folter und perfider Verfolgung weigerte, den Glauben zu verraten, verriet er auch den Menschen nicht. Im Gegenteil. Er wurde gerade wegen seiner entschiedenen Verankerung im Vertrauen auf Gott und seine Menschenliebe ein glaubwürdiger Magnet für die Menschen und ein hoffnungsstarker Apostel des Herrn. Und ein liebenswürdiger dazu. Böses versuchte er stets im Guten zu ersticken, Bösem stellte er die viel stärkere Macht der Liebe und des Guten entgegen. Damit stärkte er die Seelen anderer, aber auch seine eigene.

„Die Menschen gewinnt man mit einem offenen Herzen und nicht mit der geballten Faust. Das wahre Wissen, die wahre Weisheit und die wahre Kultur vertragen keine Ketten. (...) Kultur bedeutet einen ehrlichen Dialog und Gedankenaustausch, ehrlichen Meinungsstreit und kein Gezänk beruflicher Querulanten, die sich einseitig der Massenmedien bedienen, um andere anzuspucken", sagte er einmal. Und an anderer Stelle heißt es: „Die Würde zu bewahren, das heißt, sich selbst in jeder Situation des Lebens treu zu bleiben. Das bedeutet, für die Wahrheit geradezustehen, auch wenn sie uns viel kosten sollte, denn die ausgesprochene Wahrheit ist teuer. Nur die Spreu ist kostenlos."

Dieser 1984 von der Staatssicherheit gelynchte Zeuge der Wahrheit verstand es, ganz selbstverständlich sein katholisches Christsein mit einem aufgeschlossenen Patriotismus zu verbinden. Er wusste um die Bedeutung von Heimat, nach der sich jeder sehnt, von Sprache und Bräuchen, Musik und Kunst. Eine verklemmte Distanzierung war ihm fremd. Auch hier ist Jerzy Popiełuszko, der in seiner Heimat schon jetzt wie ein Heiliger verehrt wird, eine frische Botschaft in die Zeit.

Der rote Faden, der sich durch sein Leben bis zum letzten Augenblick zog, war die Liebe zu Christus in seiner Kirche und zu der von Gott geoffenbarten Wahrheit, aus der sich die Wahrhaftigkeit und Tatkraft speisen: „Wahrheit und Mut sind sehr wichtige Werte im Leben eines jeden Menschen und besonders im Leben eines Christen." Mit der Wahrheit zu leben bedeute, „im Einklang mit dem Gewissen zu leben". Und: „Die Wahrheit ist unsterblich, doch die Lüge stirbt einen schnellen Tod." Was für aufrüttelnde Worte in unsere Zeit hinein!

Es ist das Verdienst von Anna Meetschen, uns diesen so einfachen und doch so außergewöhnlichen Menschen mit offenem Blick und klarem Verstand zu zeichnen und buchstäblich vor unsere Augen zu stellen. Wer meint, hier „nur" eine Biografie zu lesen, der irrt. Wer aber nach dem sucht, was den Horizont weitet und Geist und Seele nährt, der findet in diesem Buch auch für das eigene Leben und seine Orientierung viel Nachdenkliches und Kostbares. In der Begegnung mit Jerzy Popiełuszko leuchtet auf, worauf es immer und letztlich ankommt.

Jerzy Popiełuszko bekannte sich aus einer großen inneren Freiheit zur Wahrheit – und lebte ermutigend für andere das vor, was im Johannesevangelium 8,32 versprochen wird: Die Wahrheit macht wirklich frei. Zum Leben. Zum Zeugnis. Zur Stärke. Zum Licht.

Martin Lohmann, Bonn

Einführung

Manche Städte haben ein geistliches Magnet, das Menschen aus der ganzen Welt anzieht: Jung und alt, arm und reich, einfache Leute und große Persönlichkeiten. Ohne Rücksicht auf Religion, Kultur und Klasse. In Warschau ist ein solches Magnet zweifellos das Grab von Jerzy Popiełuszko, dem berühmten polnischen Priester und Märtyrer, der aus Liebe zu Gott, zur Wahrheit und zur Freiheit des Heimatlandes sein Leben verlor.

Mehr als 800 000 Menschen besuchen jährlich dieses Grab mit dem markanten Steinkreuz, das sich im Stadtteil Żoliborz direkt neben der Hl.-Stanislaus-Kostka-Kirche befindet, wo Popiełuszko zu Beginn der 1980er-Jahre seinen Dienst verrichtete und die Menschen durch ebenso klare wie schlichte Worte an ihre Würde erinnerte. An ihre Stärken und Rechte – als Christen und als Bürger. Im Widerstand gegen den Kommunismus, der damals auf dem Höhepunkt des Kalten Krieges wie Mehltau über dem militärisch und ideologisch schon so häufig geschundenen Land jenseits der Oder lag. Viele Menschen, auch solche, die der Kirche und dem Glauben eher fernstanden, empfingen damals durch die Worte und die Präsenz von Jerzy Popiełuszko Kraft und Klarheit für ihr Leben.

Und dieser Dienst scheint sich fortzusetzen. Auch viele Jahrzehnte nach dem brutalen Mord an ihm. Jerzy Popiełuszko wirkt Gutes in Warschau-Żoliborz und an anderen Orten. Über alle Grenzen hinweg. Dies bezeugt etwa der französische Geistliche Bernard Brien, der im Juli 2012 an das Grab von Jerzy Popiełuszko trat. Nach einem aufregenden Leben (u.a. mit zwei Ehen) war der damals Mitte 60-jährige Brien erst kurz zuvor in der Kathedrale von Créteil bei Paris zum Priester geweiht worden und nun dankbar für die ungewöhnliche Lebenswendung auf den Spuren von Johannes Paul II. unterwegs – in Italien, Israel und Polen. Brien staunte nicht schlecht, als er in der Kirche in Warschau-Żoliborz erfuhr, dass er am selben Tag wie Popiełuszko geboren sei – am 14. September 1947. Der Franzose hatte in diesem Moment nur einen Gedanken: „Also sind wir Zwillinge."[1] Und sofort spürte er, dass ihm aus dem Grab dieses neuen seelischen „Verwandten" viel geistliche Kraft entgegenströmte.

Doch dabei blieb es nicht. „Als ich nach Frankreich zurückkam, bin ich zur größten Buchhandlung in Paris gegangen, und ich habe alle Bücher über Jerzy Popiełuszko gekauft, unter anderem ein Buch mit seinen Predigten", berichtet Bernard Brien.[2] Er betete auch täglich für die Heiligsprechung des Polen. So stark war die besondere Bindung zu ihm, dass er immer Bilder von dem damals bereits seliggesprochenen Popiełuszko bei sich trug und diese an andere Menschen weitergab.

Am 14. September 2012 wurde Bernard Brien in das Krankenhaus in Créteil gerufen, das er als Kaplan betreute. Ein dringender Fall. In der Palliativstation wartete der sterbende François Audelan. Ein Mann, 56 Jahre alt und so schwer an Leukämie erkrankt, dass der Krebs bereits zahlreiche Metastasen gebildet hatte. Ein gläubiger Mann, wie die Ehefrau Chantal Audelan dem Priester sagte. Bevor François Audelan ins Koma fiel, habe er jeden Tag das Allerheiligste empfangen.

Was dann geschah, schildert Bernard Brien, Jerzy Popiełuszkos „französischer Zwillingsbruder", wie folgt: „Auf dem Nachttisch zündete ich eine Kerze an, legte das Kreuz von Johannes Paul II. daneben und gab François die Krankensalbung. Ich habe Chantal spontan vorgeschlagen, François der Fürsprache des seligen Jerzy anzuvertrauen. Ich gab ein Bild des Seligen an Schwester Rozalia und die Ehefrau des Kranken und wir beteten gemeinsam für seine Heiligsprechung und um Heilung für François. Ich selbst flüsterte: ‚Hör zu, Jerzy, heute ist der 14. September, dein und mein Geburtstag. Wenn du also etwas für unseren Bruder François tun willst, dann ist dies der richtige Tag."[3]

Als Schwester Rozalia, eine polnische Ordensfrau, die in Frankreich ihren Dienst tut, am nächsten Morgen das Zimmer von Audelan betrat, war das Bett bereits aufgeräumt. Sie dachte, dass er tot sei. Aber dann hörte sie seine Stimme aus dem Badezimmer. Wie war das möglich? Es war möglich. Alle folgenden Untersuchungen zeigten eine vollständige Remission der Krankheit. Es gab keine Spuren mehr von Leukämie. Nichts. Die Ärzte fanden keine rationale Erklärung für diese plötzliche Heilung.

Nach einiger Zeit informierten François Audelan und seine Ehefrau den Bischof von Créteil, Michel Santier, über die wundersame Heilung auf die Fürsprache des seligen Jerzy Popiełuszko hin. Es stellte sich heraus, dass Bischof Santier just im Jahr zuvor auch in Warschau am Grab des Seligen gewesen war: „Der Pfarrer der Hl.-Stanislaus-Kostka-Pfarrei hat mir die Soutane gezeigt, welche Popiełuszko im Moment seines Todes trug und einen der Steine aus dem Sack, an den die Beine des Priesters gebunden waren, als er in den Fluss geworfen wurde. Dies hat mich zutiefst berührt. Ich bin an sein Grab gegangen, um zu beten, um meinen pastoralen Dienst und die Diözese Créteil seiner Fürsprache anzuvertrauen."[4]

Mittlerweile reiste Bernard Brien durch ganz Frankreich, um die wundersame Heilung von François Audelan zu bezeugen. Drei Jahre später, am 14. September 2015, wurde das Wunder von Créteil durch die Fürsprache des seligen Jerzy Popiełuszko von der Diözesankommission als authentisch bestätigt und die Dokumentation wurde an die Kongregation für die Selig- und Heiligsprechungsprozesse weitergeleitet.

Ein beeindruckender Fall, der zeigt, wie mächtig die Fürsprache Jerzy Popiełuszkos offenbar ist. Es gibt viele weitere Wunder auf seine Fürsprache hin, auf die in diesem Buch auch eingegangen wird. Vor allem aber geht es in dieser Biografie um das Wunder seines Lebens, das sehr einfach begann und dann – im Zuge des Pontifikats von Papst Johannes Paul II. und dem Aufkommen der Gewerkschaft Solidarność (Solidarität) – ins Scheinwerferlicht der Weltöffentlichkeit katapultiert wurde. Weltweit sorgte die Nachricht von Popiełuszkos Tod Ende Oktober 1984 für Entsetzen und Fassungslosigkeit.

Doch bei aller berechtigten Trauer und Wut über diesen brutalen und feigen Mord, der bis heute ungeklärte Rätsel und Fragen aufwirft – für viele Gläubige in Ost- und Westeuropa stand früh fest, dass mit dem Leben und Sterben dieses mutigen Heiligen ein wichtiges Zeugnis gegeben wurde für die Wahrheit des katholischen Glaubens und das Überleben der Nation. Auch in schwerer Not und Bedrängnis ist dies möglich. Gerade dann. Wider die grenzenlose Macht des Bösen.

Als der hl. Papst Johannes Paul II. am 14. Juni 1987 am Grab Popiełuszkos betete, sagte er zu Marianna Popiełuszko, der Mutter des Verstorbenen: „Mutter, du hast uns einen großartigen Sohn geschenkt." Worauf die alte, schlichte Frau gleichermaßen selbstbewusst und demütig antwortete: „Heiliger Vater, ich habe ihn nicht geschenkt, Gott gab ihn der Welt durch mich." Daraufhin küsste der polnische Papst sie auf den Kopf, dann nahm er ihren Ehemann, Władysław Popiełuszko, in die Arme.

Wenn heute immer häufiger und immer frecher die Menschenrechte gegen Nation und Kirche, gegen Herkunft und Tradition ausgespielt werden, so muss man sagen – die Generation der Politiker, die in den 1980er-Jahren die Überwindung des Kalten Krieges gestaltete und zum fragilen Sieg der Freiheit über den Kommunismus und andere Ideologien beitrug, wusste es besser.

Der frühere US-Präsident George Bush schrieb 1987 in der Hl.-Stanislaus-Kostka-Kirche ins Gedenkbuch: „Im Namen des amerikanischen Volkes habe ich dem heldenhaften Verteidiger der Menschenrechte gehuldigt." Die frühere britische Premierministerin Margaret Thatcher sagte 1988 bei ihrem Warschaubesuch zu Popiełuszkos Eltern: „Ich verstehe Ihren Schmerz und ich spreche Ihnen mein Beileid aus. Sie haben einen wundervollen Sohn. Er war ein großartiger Mensch, Sie können stolz sein." Václav Havel, der frühere Bürgerrechtler und Präsident der Tschechischen Republik, kam dreimal nach Warschau-Żoliborz zu Jerzy Popiełuszko. Havel sagte: „Ich folgte seinen Predigten. Ich war schockiert über seinen Märtyrertod. Heute hängt ein Porträt Popiełuszkos in meinem Zimmer. Er sieht mich an und kontrolliert mein Verhalten."

Man spürt aus all diesen Worten: Jerzy Popiełuszko hat nachhaltig gewirkt. Er hat auch uns und unserer Zeit noch eine ganze Menge zu sagen. Zur recht verstandenen Nachfolge Christi und zur richtigen Befolgung der Menschenrechte. Wenn wir unser Verhalten an ihm orientieren wollen, so sollten wir allerdings nicht nur seine Worte kennen, sondern sein Leben. Dieses Leben nun endlich auch den deutschsprachigen Lesern näherzubringen, die bereits ein offenes Herz für polnische Heilige wie Johannes Paul II. und Schwester Faustina haben, ist eine Absicht dieses Buches.

Möge der heilige Jerzy Popiełuszko auch Ihnen mit seiner Kraft erscheinen, unabhängig davon, wann Sie Geburtstag haben. Mit Sicherheit möchte er Sie kennenlernen und auch in Ihrem Leben Gnaden bewirken.

KAPITEL 1

GEBURT, KINDHEIT, SCHULAUSBILDUNG

Das Kreuz, dieses Heilszeichen der Erlösung, sollte im Leben von Jerzy Popiełuszko eine besondere Rolle spielen. Darauf deutete schon seine Geburt hin. Am 14. September 1947, also an dem Tag, an dem Katholiken in aller Welt das Fest Kreuzerhöhung begehen, kam er in dem Dorf Okopy bei Białystok in Ostpolen zur Welt. Es war ein Sonntag, doch wie sich seine Mutter Marianna erinnert, ein Tag nicht frei von Leiden – besonders für sie selbst: „Meine Mutter, die auch auf den Namen Marianna hörte, hat mir bei der Geburt meines Sohnes geholfen. Die Geburt war leicht, aber nach der Geburt schmerzte mir der Kopf und ich verlor mein Augenlicht."[5]

Schon am folgenden Dienstag brachte ihr Ehemann, Jerzys Vater, Władysław Popiełuszko, zusammen mit Nachbarn den neugeborenen Sohn mit dem Pferdewagen zur Kirche, um ihn taufen zu lassen. Das Sakrament der Taufe spendete Pfarrvikar Antoni Sawicki in der Hl. Peter- und Paul-Kirche in Suchowola, vier Kilometer von Okopy entfernt. Und auf welchen Namen wurde der zukünftige Heilige getauft? Auf einen Namen, der ihm selbst nicht besonders gefiel: Alfons, was wohl an Alfons Gniedziejko, den Bruder von Marianna Popiełuszko, erinnern sollte, der 1945 im Alter von 21 Jahren von den Russen ermordet worden war. Leider hatte der Name Alfons in Polen aber auch damals schon einen etwas anrüchigen Beigeschmack, weil häufig Zuhälter so genannt wurden. Als der junge Alfons Popiełuszko, den man von früh an mit der Koseform „Alek" ansprach, später im Priesterseminar die Chance sah, seinen Namen ändern zu können, ergriff er diese Gelegenheit beim Schopfe und entschied sich für den Namen Jerzy, die polnische Fassung von Georg, der später zu seinem passenden Markenzeichen wurde. Denn: Der Drache des Kommunismus, der Lüge und der Hetze, jagte Jerzy Popiełuszko keinen Schrecken ein.

Wieso im Standesamt von Suchowola als Geburtsdatum anstelle des 14. September der 23. September 1947 vermerkt ist, lässt sich einfach erklären. Wahrscheinlich ging Vater Władysław erst an diesem Tag zum Standesamt, um bei den Behörden die Geburt von Alfons zu melden. Doch noch wichtiger als das richtige Geburtsdatum dürfte ein anderes Faktum sein: nämlich, dass Marianna am Tag nach der Taufe wieder das Augenlicht geschenkt bekam. Diese gläubige, schlichte, aber auch starke Frau, die in Polen mittlerweile selbst eine Legende ist, sollte Jerzy „Alek" Popiełuszko sehr prägen. Und auch seine vier Geschwister: Teresa, Józef, Jadwiga (die starb, als sie zwei Jahre alt war) und den jüngeren Bruder Stanisław.

Jerzy wuchs, wie es damals in Polen durchaus üblich war, in einer Mehrgenerationenfamilie auf: mit Eltern, Geschwistern und Großeltern. Die Großmutter, Teofila Popiełuszko, war seit Jahren krank, der Großvater Jan arbeitete trotz fortgeschrittenen Alters auf dem Bauernhof. Die Familie besaß eine Landwirtschaft mit 20 Hektar Fläche, allerdings von sehr schlechter Bodenbeschaffenheit. Sie hatten ein paar Kühe und bauten Roggen und Kartoffeln an, später auch Erdbeeren und Tabak.

Es reichte knapp zum Überleben. Das Haus bestand aus zwei Zimmern und einer Küche mit Kachelofen. Bis in die 1960er-Jahre gab es im Dorf keinen Strom. Die Familie sprach Polnisch mit weißrussischem Dialekt, wie er typisch für diese ostpolnische Region ist.[6]

Die Familie Popiełuszko, das muss man betonen, war sehr religiös. Die Tage und Jahreszeiten waren von gemeinsamen Hausandachten und Gebeten geprägt. „Am Mittwoch beteten wir zur Muttergottes von der immerwährenden Hilfe, am Freitag zum Heiligsten Herzen Jesu, am Samstag zur Muttergottes von Tschenstochau", erinnerte sich Marianna Popiełuszko einmal im Rückblick auf diese Zeit, die ersten Lebensjahre ihres berühmten Sohnes. Im Mai pflegte die Familie Popiełuszko die Tradition der Maiandacht, im Juni die Andacht zum Herzen Jesu, im Oktober stand besonders der Rosenkranz auf dem Gebetsprogramm. Doch natürlich betete die Familie den Rosenkranz auch sonst. Täglich. Genauso wie das Angelus- und Stundengebet. Oft, besonders im Mai, versammelten sich Nachbarn zum gemeinsamen Gebet bei den Popiełuszkos. Jerzy, der als sensibel, ruhig und einfühlsam galt, wuchs so ganz natürlich in die Abläufe und Praktiken des katholischen Lebens hinein. In eine reiche und bewährte Tradition.

Die Religiosität der Familie Popiełuszko war dazu stark mit einer Form des Patriotismus verbunden, wie er für deutschsprachige Leser nach den Rissen und Übersteigerungen der deutschen Geschichte vielleicht nur schwer vorstellbar ist, für Polen jedoch ganz normal ist. Die Eltern Popiełuszko sorgten dafür, dass die Kinder mit dieser natürlichen, vitalen und keinesfalls extremen Liebe zur Heimat aufwuchsen. Auf diese Weise wurde die Erinnerung an die Helden des Krieges, die Mitglieder der polnischen Heimatarmee, die sich den Nazis widersetzt hatte, und den Bruder von Marianna Popiełuszko wachgehalten.

Jerzy verbrachte als kleiner Junge aber auch viel Zeit mit seiner Großmutter mütterlicherseits, die im nahe gelegenen Grodzisko lebte. Er betrachtete eifrig religiöse Zeitschriften bei ihr. Und das hatte Einfluss auf ihn. „Von da an sprach er oft von Pater Maximilian Kolbe. Er war ein Vorbild für ihn", erinnert sich Marianna Popiełuszko.[7] Und fügt mit entwaffnender Offenheit hinzu: „Er wollte lieber lesen als auf dem Feld arbeiten."[8] Tatsächlich arbeitete Jerzy am wenigsten von allen Familienmitgliedern auf dem Feld. Er war dafür wohl einfach zu schwach und zu kränklich, schon als kleiner Junge. Ihn interessierte die geistige Welt. Der Ackerbau der Seelen.

Im Alter von sieben Jahren, im Jahr 1954, begann Jerzy, die Grundschule in Suchowola zu besuchen. Er musste jeden Tag fast fünf Kilometer zur Schule und wieder zurück nach Hause zu Fuß gehen. Da er schwach war, hatte er oft Nasenbluten, nachdem er diesen Weg gegangen war. Er lernte aber gut in der Schule und war sehr pflichtbewusst.

Am 3. Juni 1956 empfing Jerzy seine erste heilige Kommunion. Zwei Wochen später wurde er gefirmt. „Auf die erste Beichte und die Erstkommunion bereitete er sich in der Pfarrkirche vor, denn es gab damals keinen Religionsunterricht in der Schule. Jerzy muss einer der Begabtesten in der Gruppe gewesen sein, denn manchmal ersetzte er die Nonne, indem er seinen Mitschülern den Katechismus lehrte."[9]

Nach der ersten Kommunion wurde er Messdiener in der Pfarrgemeinde von Suchowola. Um bei der Messe um 7 Uhr dienen zu können, musste er früher aufstehen. „Er selbst, als Kind, konnte sich keinen Tag ohne Teilnahme an der Messe vorstellen. In einem weißen Chorhemd und in einer Pelerine diente er als Messdiener am Altar. All die Jahre, von der Grundschule bis zur letzten Klasse des Gymnasiums. Es spielte keine Rolle, zu welcher Jahreszeit, ob bei Regen oder Frost. Jeden Tag stand er um fünf Uhr auf und ging über Feld-

und Waldwege, um die Kirche um 7 Uhr zu erreichen. Er hat sich überhaupt nicht beschwert."[10] Dafür gab es eine Belohnung: „Trotz fünf Kilometern zur Kirche, hatte er den ersten Platz inne, was die Anzahl der heiligen Messen betraf. Er erhielt eine Auszeichnung: Schlittschuhe und ein Liederbuch mit Kirchenliedern."[11]

Die Mitglieder seiner Familie erinnern sich ferner, dass er sich bereits als Kind einen Altar baute und Gottesdienst spielte. „Es war ein Verlangen nach dem Priestertum in ihm. In seiner Jugendzeit, als er kein Kind mehr war, betete er allein. Er betete immer morgens und abends. Wir hatten und haben so einen Brauch zu Hause, dass wir direkt nach dem Aufwachen und dann vor dem Schlafengehen niederknien. Jerzy hat es immer getan."[12] Auch Pfarrvikar Piotr Bożyk aus dem Suchowola-Pfarrgemeinde erinnerte sich an die besondere Spiritualität des Jungen: „Ich bemerkte ihn sehr oft am Altar, er betete und schaute auf das Bild, auf das Kreuz. Seine Augen waren normalerweise weit offen. Man konnte in ihnen lesen, dass etwas in seiner Seele geschah, das ich eine religiöse Erfahrung nennen würde."[13] Nach diesem Gebet lud der Pfarrvikar Jerzy in das Pfarrhaus, um Tee zu trinken und etwas zu essen.

Ab dem September 1961 besuchte Jerzy das Gymnasium, das sich auch in Suchowola befand. Er ging zu einer Klasse, in der sowohl Mädchen wie Jungen waren. Nach dem Unterricht besuchte er einen Foto-Arbeitskreis. Jeden Tag, nachdem er von der Schule nach Hause gekommen war, half er den Eltern auf dem Bauernhof, bevor er Hausaufgaben machte. Er arbeitete, älter und etwas kräftiger geworden, als Jugendlicher auch den ganzen Sommer über auf dem Bauernhof. Er machte keine Schulausflüge mit seinen Freunden, weil sich seine Eltern solche Unternehmungen nicht leisten konnten. Er nahm nicht an Tanzveranstaltungen teil und blieb ein wenig abseits von seinen Altersgenossen. Er war ein Einzelgänger.

Gleichzeitig betonen seine Lehrer und Mitschüler, dass er stets freundlich, höflich und sogar herzlich war. Er hatte aber stets ein trauriges Lächeln, als hätte er schon damals geahnt, was für eine Konfrontation mit dem Bösen eines Tages auf ihn warten würde.

Das Gymnasium, das Jerzy Popiełuszko besucht hat, steht übrigens immer noch und trägt seit 1990 seinen Namen. Aber Ende der 1950er, Anfang der 1960er-Jahre war es dem Lehrerkuratorium zuwider, dass viele seiner Absolventen Priester wurden. Allein zu der Zeit, als Jerzy die Schule besuchte, kamen fünf Seminaristen von diesem Gymnasium. Was lief da schief aus der Sicht der Kommunisten? Die kommunistischen Behörden veranlassten Kontrollen. Die Inspektoren sollten die Loyalität der Lehrer gegenüber den Behörden prüfen. Das führte, wie sich Marianna Popiełuszko erinnert, zu grotesken Aufforderungen. „Eine von Jerzys Lehrerinnen bat mich wegen meines Sohnes zur Schule. Ich war ein bisschen überrascht von der Aufforderung, weil Jerzy gut lernte und sich gut benahm. Als ich sie traf, wies sie darauf hin, dass mein Sohn Jerzy zu oft in die Kirche gehe. Es war der Monat Oktober und er besuchte jeden Tag nach dem Unterricht eine Rosenkranzandacht. Ich sagte ihr dann: Wir haben Religionsfreiheit."[14]

Ein anderes Mal kehrte Jerzy traurig von der Schule zurück und erzählte seiner Mutter, dass die Lehrerin den Schülern erzählt habe, dass der Mensch vom Affen abstamme. „Und er stand auf und rief: Das ist nicht wahr! Der Mensch kommt von Gott her! Ich sagte ihm dann: Du, Sohn, mach dir keine Sorgen darüber, was die Leute sagen, denke selbst und mach dein eigenes Ding."[15]

Die Mutter erinnert sich auch, dass Jerzy sehr fleißig war und gern las: „Er war fleißig, er las viel. Oft blieb er nach dem Unterricht in der Schulbibliothek und saß manchmal bis spät am Abend dort, um Bücher zu lesen."[16] Die Lehrer erwähnen, dass sich Jerzy durch Höflichkeit und Freundlichkeit ausgezeichnet habe. Gegenüber Frauen, Lehrerinnen und Mitschülerinnen konnte er ausgesprochen galant sein. Es war seine Mutter, die ihm die Kultur gegenüber Frauen beigebracht hatte. Er verstand sich gut mit seinen Mitschülerinnen, doch an mehr, einer Vertiefung des Kontakts, Freundschaft oder Partnerschaft, war er nicht interessiert.

Im letzten Jahr auf dem Gymnasium entschied sich Jerzy für das Priesterseminar. Auf Anraten von Pfarrvikar Bożek ging er mit seinem Schulfreund Tadeusz, der auch Priester werden wollte, zum Priesterseminar nach Białystok und nach Warschau, um sich zu informieren. Keiner aus der Familie wusste von seinen Plänen. Er teilte seinen Eltern erst nach dem Abitur mit, dass er auf das Priesterseminar wolle. Er wählte das Priesterseminar von Warschau, weil auf dem Priesterseminar in Białystok die Kleriker alle ihre Studiengebühren selbst bezahlen mussten, in Warschau jedoch nur die Hälfte, die andere Hälfte konnten sie als Priester nachher bezahlen. „Jerzy hatte in der Abschlussklasse auch das Angebot, nach Moskau zu gehen, um dort zu studieren. Es war also klug, vor dem Abiturzeugnis nichts über seine eigenen Absichten zu sagen. Nachdem er das Abiturzeugnis erhalten hatte, verließ er uns, seine Eltern, schon während der Abschlussballs stieg er in den Zug und machte sich auf den Weg zum Höheren Priesterseminar in Warschau, wo er sich um Aufnahme bewarb", sagt die Mutter.[17] Und fügt etwas wehmütig, aber entschieden hinzu: „Schließlich hat niemand sein Kind für sich. Es muss in die Welt gehen, um Gottes Willen zu erfüllen."[18]

Ist es nicht paradox, dass die linientreuen Schulbehörden ausgerechnet demjenigen, der das Unrechtsregime herausfordern sollte, ein Studium im Zentrum des sowjetischen Drachenstaates anboten? Versuchten sie ihn mit diesem verführerischen Angebot einzufangen und von seiner Bestimmung abzuhalten? Jerzy Popiełuszko widerstand dieser Versuchung jedenfalls schon früh. Er wusste, was er wollte, und er konnte zwischen gut und böse unterscheiden.

KAPITEL 2

PRIESTERSEMINAR, ARMEEDIENST, PRIESTERWEIHE

Am 18. Juni 1965 kamen Jerzy Popiełuszko, der damals immer noch „Alek" genannt wurde, und sein Freund Tadeusz mit dem Zug in Warschau an. Zusammen mit Jerzy wurden 43 Kandidaten aufgenommen, darunter 25 aus anderen Diözesen. Im Oktober 1965 studierten insgesamt 150 junge Männer Theologie. In den 1960er-Jahren ging es im Priesterseminar noch sehr bescheiden zu. Eine an sich eher bescheidene Kost wie Brot mit Schmalz war schon eine Seltenheit, ein Luxus. Jeder Tag war sorgfältig geplant: Wecken um 5.30 Uhr, heilige Messe, Meditation, fünf Vorträge von je 50 Minuten, Angelus, Mittagessen, Lernen, Ausruhen, spirituelles Lesen, Gebet. Am Samstag und Sonntag durften die Seminaristen gnädigerweise etwas länger schlafen: Sie wurden um 6 Uhr geweckt. Donnerstags hatten die Studenten etwas Zeit zur freien Verfügung.[19] An diesem Tag unternahmen Jerzy und Tadeusz oft einen Ausflug nach Niepokalanów, die berühmte Klosterstadt der Franziskaner, die von Pater Maximilian Kolbe gegründet worden war. Weniger als eine Stunde Fahrzeit mit dem Zug ist dieser besondere Ort von Warschau entfernt.

Am 8. Dezember 1965 schloss sich Jerzy der Marianischen Männer Kongregation an und las das Buch „Der Narr Gottes" von Maria Winowska über Pater Maximilian Kolbe. Einmal in den Ferien, als er nach Okopy kam, zeigte er Dias über das Leben von Pater Kolbe. Offenbar dachte er vor dem Eintritt in das Warschauer Priesterseminar auch daran, dem Orden der Franziskaner in Niepokalanów beizutreten. So sehr war er von Maximilian Kolbe fasziniert, dessen Schicksal als Märtyrer von Auschwitz seinem nicht unähnlich ist. So wie Kolbe in seinen Publikationen Einspruch erhob gegen die Lügen und Verbrechen der Nazis, sollte Popiełuszko Widerstand leisten gegen die Lügen und Verbrechen des Kommunismus. Und beide bezahlten dafür mit ihrem Leben.

Im Jahr 1966 schließlich fand die Millenniumsfeier der Taufe Polens statt. Das war ein großes Ereignis, auf das die Menschen und die Akteure der Kirche mit großen Erwartungen blickten. Popiełuszko hörte im Warschauer Dom, der Johanneskathedrale, wie der große polnische Primas, Kardinal Stefan Wyszyński, der von den Kommunisten in den 50er-Jahren inhaftiert worden war und währenddessen die Novene zur Vorbereitung auf das große Jubiläum verfasst hatte, nun zu den Gläubigen ganz ohne Unschärfe und Anpassung sprach: „Die Kirche muss in das Leben eines Menschen eintreten, in seine Erziehung und Gestaltung, weil sie diesen Menschen verändern soll, ihm ein neues Gesicht geben, für seine persönlichen Rechte, sein individuelles und soziales Wesen eintreten, sie muss den Geist in seine moralische, soziale, kulturelle, ökonomische, wirtschaftliche und sogar politische Arbeit einhauchen. Ohne den Geist des Evangeliums, ohne die Wahrheit Gottes, kann die Menschheit heute nicht damit umgehen. Wir sehen es in der alltäglichen Erfahrung."[20]

Doch gleichzeitig zu dieser mutigen Erklärung versammelten sich rund um die Kathedrale zweieinhalbtausend Milizsoldaten und griffen die Gläubigen, die draußen standen, an. Die Unruhen, die dabei ausbrachen, dauerten mehrere Stunden. Jerzy gelang es, das Priesterseminar sicher zu erreichen. Doch er hatte zum ersten Mal in der Hauptstadt hautnah erlebt, in was für einem geistlichen Kampf- und Spannungsfeld seine Priesterausbildung stattfand – und was für ein mutiger und souveräner Hirte dieser Stefan Kardinal Wyszyński tatsächlich war. Was Jerzy Popiełuszko zu dieser Zeit nicht wusste: Wie alle angehenden Priester wurde er bereits seit mehreren Monaten von einer Spezialabteilung des Innenministeriums beobachtet.

Am 16. Oktober 1966 fand die Einkleidung der Kleriker statt, die aufgrund der klugen Haltung von Kardinal Wyszyński, der die Umsetzung des Zweiten Vatikanischen Konzils (1962–1965) nicht mit der liberalen Verve mancher westlicher Hirten betrieb, ohne innerkirchliche Selbstauflösungstendenzen geschah. Würdig und im Einklang mit der Tradition wurden die Feierlichkeiten in der Seminarkirche an der Krakowskie-Przedmieście-Straße von Rektor Władysław Miziołek, dem späteren Weihbischof der Diözese Warschau, geleitet. An diesem Tag zog Jerzy Popiełuszko zum ersten Mal seine Soutane an. Das war eine wichtige Etappe. Allerdings trug er die Soutane nicht lange, da er neun Tage nach der Einkleidung einen zweijährigen Militärdienst antreten musste – eine weitere Schikane des kommunistischen Systems. Also nahm er die Soutane mit nach Hause und Marianna Popiełuszko hängte sie an die Tür im Zimmer. Die Mutter hatte keine Ahnung, was ihr Sohn in diesen zwei Jahren in einer Militäreinheit für Seminaristen erleben würde. Sie erfuhr erst nach seinem Tod davon und war erschüttert.

*

Am 25. Oktober 1966 begann Jerzy Popiełuszko seinen Militärdienst in der Einheit für Kleriker in Bartoszyce, einer kleinen Stadt, die mehrere Kilometer von der Grenze zur Sowjetunion entfernt liegt. Militärdienst ist eigentlich eine euphemistische Bezeichnung. Handelte es sich bei dieser Einheit doch um ein Spezialkommando, das den Auftrag hatte, Priesteramtskandidaten von ihrem geistlichen Weg abzubringen. Zur Begrüßung sagte Offizier Witik den Seminaristen: „Ihr Aufenthalt in der Armee ist für die Heimat unnötig. Ihr seid hier nur dank eurer Bischöfe, die ,Wir vergeben und bitten um Vergebung' geschrieben haben."[21] Die berühmten Worte der Erklärung der polnischen Hirten an ihre Amtsbrüder in Deutschland, die wesentlich zur Versöhnung zwischen beiden Ländern beitragen sollten, waren den kommunistischen Machthabern ein Dorn im Auge. Sie, die so viel von Internationalität, Brüderlichkeit und Frieden schwärmten, fürchteten genau diese versöhnliche Annäherung zwischen Polen und Westdeutschland auf dem christlichen Wege. Die Kirche als Vermittlerin – das durfte nicht sein. Doch wie unmenschlich ging es in der Einheit zu, in die man Popiełuszko zusammen mit 229 anderen Geistlichen versetzt hatte? Noch viele Jahre später bezeichneten Priester, die diese Militäreinheit erlebt hatten, sie als eine Art Konzentrationslager. Vermutlich eine Übertreibung, aber was man dort mit den jungen, gläubigen Menschen machte, war in jedem Fall eine grausame seelische und physische Folter.

Die Seminaristen mussten acht Stunden am Tag an politischer Schulung teilnehmen und danach hart körperlich arbeiten. Die Befehlshaber missbrauchten besonders jene Geistlichen, die ein Kreuz oder einen Rosenkranz trugen oder einfach nur beteten. In den Briefen an seinen geistlichen Vater aus dem Priesterseminar, Czesław Miętek, schrieb der junge Jerzy Popiełuszko: „Ich habe mich als sehr stark erwiesen, man kann mich nicht durch Drohung oder Folter brechen, vielleicht ist es gut, dass ich hier bin, denn jemand anderer würde vielleicht zusammenbrechen und auch andere darin verwickeln."[22]

Jerzy hat seiner Mutter nie geschrieben, wie sehr er misshandelt wurde. Etwa, dass ihn der Kommandant mit einem Seil an der Hüfte festband, dann in ein Schwimmbecken stieß und ihn zu ertränken versuchte. Oder, wie er barfuß im Schnee stehen musste, weil er den Rosenkranz gebetet hatte. „Ich bin mir der Verfolgung von Jerzy nur wegen seiner Kollegen bewusst geworden. Sie sagten mir, dass er lange Zeit ohne Schuhe im Frost stehen musste, dass er mit voller militärischer Ausrüstung die Treppe heruntergeworfen wurde, oder man ihn des Ausgangs zu seinen Eltern und zum Seminar beraubte. Die Kollegen von Jerzy haben mir gestanden, dass er für sie ein geistlicher Leiter war und er sie bei ihrer Berufung zum Priestertum unterstützt hat", sagte Marianna Popiełuszko im Rahmen des Seligsprechungsprozesses.[23]

In einem Brief vom Januar 1967 schreibt Jerzy Popiełuszko alias „Alek" an Miętek: „Es begann mit der Tatsache, dass der Truppenführer mir befahl, vor dem ganzen Zug während des Unterrichts den Rosenkranz vom Finger abzunehmen. Ich habe dies abgelehnt, das heißt, ich habe den Befehl nicht ausgeführt. Dafür droht nun der Staatsanwalt. Wenn ich den Ring abnehmen würde, würde es wie ein Zugeständnis aussehen. Es geht nicht um den Vorgang des Abnehmens. Ich schaue immer tiefer. (...) Er sagte mir, ich solle meine Schuhe ausziehen (...). Also stand ich barfuß vor ihm. Die ganze Zeit stand ich still. Ich stand dort wie ein Verurteilter. Er begann, seine Wut an mir auszulassen. Er benutzte verschiedene Methoden. Er versuchte, mich zu verspotten. (...) Ich sah über ihn hinweg, indem ich in Gedanken Gebete gesprochen habe und indem ich das Leiden, das durch das schwere Gewicht eines Rucksacks, einer Maske, einer Waffe und eines Helms verursacht wurde, Gott als Sühne für Sünden geopfert habe. Oh Gott, wie leicht man leidet, wenn man weißt, dass man für Christus leidet."[24]

Trotz dieser enormen Schwierigkeiten und Schikanen versuchten die jungen Kleriker, ihre Zeit für das Gebet nicht aufzugeben. „Am Sonntag rezitierten wir die heilige Messe und am Freitag gingen wir den Kreuzweg. Am Abend ein kurzes gemeinsames Gebet. Kürzlich begannen wir ein Kapitel aus einem Buch zu lesen, um darüber nachzudenken", schreibt Jerzy weiter.[25] Während der politischen Schulungen las er auch religiöse Bücher im kleinen Format, damit sie in seine Taschen passten. Zu seinen Lieblingsbüchern gehörte „Die Nachfolge Christi" von Thomas à Kempis, dem berühmten Mystiker vom Niederrhein.

In einem seiner Briefe an die Familie während der Armeezeit schreibt der junge Jerzy Popiełuszko über die Bedeutung des Leidens im Leben eines Menschen. „Man muss sich daran erinnern, dass Gott denjenigen in das Leiden führt, den Er besonders liebt. In jeder Not muss man den Willen Gottes suchen. Deshalb müssen wir Frieden in Gott suchen, am besten im stillen Gebet, im Anempfehlen von allem, was man tut, an Gott. In der Welt, in diesem Jammertal, ist es so, dass alle leiden. Es gibt keine Menschen, die nicht Schwierigkeiten und Betrübnis haben. Deshalb sollte man sich niemals über das Leiden aufregen."[26]

Im Herbst 1968 beendete Jerzy Popiełuszko seinen Militärdienst. Er befand sich trotz seiner heroischen Haltung in einem fürchterlichen Gesundheitszustand. Der polnische Primas, Stefan Kardinal Wyszyński, begrüßte die Seminaristen, die nach zwei Jahren die Kaserne verlassen durften, auf Jasna Góra in Tschenstochau, dem religiösen Nationalheiligtum Polens. Die Geistlichen dankten der Gottesmutter für ihren Beistand und ihren Schutz. Und tatsächlich: Von den 229 zum Militärdienst ernannten Seminaristen kehrten insgesamt nur

13 Personen nicht zum Priesterseminar zurück. Zum Warschauer Priesterseminar jedoch alle. Die Seminaristen begrüßten ihre wiederkehrenden Kollegen wie Helden. Immerhin hatten sie zwei Jahre der Indoktrination absolviert und sich nicht vom Priestertum und ihrer Berufung abbringen lassen. Manche kehrten sogar, wie nach einer Bewährungsprobe, mit gestärktem Glauben zurück.

Doch Jerzy Popiełuszko wurde unmittelbar nach der Entlassung immer schwächer. Er fuhr ans Meer, nach Krynica Morska in der Nähe von Danzig, weil er zusätzlich zu anderen körperlichen Beschwerden auch Probleme mit dem Atmen hatte. Anfang 1969 wurde er in das Institut für Tuberkulose und Lungenkrankheiten in Warschau gebracht. Eine Schilddrüsenoperation war erforderlich. Nach dieser hatte er schwere Blutungen. Sein Zustand war kritisch. Die Kollegen vom Priesterseminar beten um ein Heilungswunder. Im Krankenhaus kam er wieder zu Bewusstsein, aber sein Zustand war nicht gut. Sein Organismus war erschöpft: Er war dünn, er hatte eine schwere Anämie, Kopfschmerzen. Schnell wurde er müde, außerdem litt er an Fieber. Viele dieser gesundheitlichen Probleme sollten ihm bis zum Ende seines Lebens zu schaffen machen.

Im Jahr 1996 wurde in der Stadt Bartoszyce vor dem Gebäude, in dem die Militäreinheit von Jerzy Popiełuszko untergebracht war, ein Gedenkstein aufgestellt – mit der Aufschrift „Dem vorbildlichen Soldaten für den Dienst am Vaterland von 1966–1968, Jerzy Popiełuszko", diese Gedenktafel stammt von der Militärgemeinschaft der 20. mechanisierten Brigade von Bartoszyce.[27] Eine schöne Geste.

*

Im sechsten, also letzten Jahr auf dem Priesterseminar änderte Alfons Popiełuszko schließlich seinen Namen in Jerzy (Georg). Im selben Jahr, also im März 1972, wurde er zum Diakon geweiht und bereitete sich auf die Priesterweihe vor. Neben dem Abschluss des Studiums widmete er viel Zeit und Aufmerksamkeit den anderen Menschen, den Familien, Kranken und Älteren. Er besuchte regelmäßig eine ältere blinde Frau, ging in ein Waisenhaus oder in ein Altersheim. Auf dieser Weise übte er sich schon in der Seelsorge.

Am 28. Mai 1972 dann der langersehnte Tag der Priesterweihe. In der Warschauer Johanneskathedrale spendete Stefan Kardinal Wyszyński dieses Sakrament an 31 Diakone. Es war ein warmer Tag, die Sonne schien. Jerzy Popiełuszkos Eltern und seine Geschwister kamen zu der Zeremonie. Nach der feierlichen heiligen Messe in der Kathedrale, die bis zum Rand gefüllt war, traf sich Kardinal Wyszyński im Refektorium des Priesterseminars mit den Neugeweihten und ihren Familien. Dann sagte der Primas von Polen zu ihnen: „Ihr jungen Priester, die der Geist Gottes – nach der Weihe in der Kathedrale – heute zur Arbeit schickt, ihr geht in ein sehr arbeitsames Gebiet, wo ihr viel Mühe, Hingabe und Opfer bringen müsst. Euer Leben wird nicht bequem sein, aber erinnert euch – wir leben in einem anderen System als das Kapitalistische."[28]

Beim Mittagessen saßen die Eltern mit ihrem Sohn, Jerzy Popiełuszko, am Tisch. Seit der Priesterweihe hörte Marianna aber auf, „mein Sohn" zu sagen, und verwendete nur die Formulierung „ks. Jerzy" (ksiądz), was auf Deutsch mit „Priester Jerzy" übersetzt werden kann. „Jeder Priester muss durch das Gebet unterstützt werden, der Priester ist nicht sofort heilig, man muss für ihn beten. Die Soutane ist nicht alles. Man soll nicht glücklich sein, sondern beten", sagte die lebenskluge Frau.[29] Und sie fügte hinzu: „Jeder Priester kann dazu berufen sein, sein Leben für den Glauben zu geben – in jedem Moment."[30]

Nach der Priesterweihe machten sich die Neugeweihten auf nach Jasna Góra, um ihre erste heilige Messe vor dem Bild der Muttergottes von Tschenstochau zu feiern. Am 18. Juni feierte Jerzy Popiełuszko seine Primiz in der Kirche von Suchowola. Dann gab es ein festliches Mittagessen bei der Familie in Okopy, das Marianna vorbereitet hatte. Viele Priester, Familienmitglieder und Gemeindemitglieder nahmen an der Feier teil. „Ich erinnere mich, dass auf dem Heimweg von der Kirche alle von einem heftigen Regenguss überrascht wurden und einige Autos Schwierigkeiten hatten, von der schlammigen Straße wegzukommen. Während der Feier war das Wetter schön. Es gab keine alkoholischen Getränke auf der Feier, nur Wasser und Essen. Die Jugend hatte am Ende des Dorfes eine Party organisiert, bei der eine Band aus dem Gymnasium von Suchowola spielte. Der Priester Jerzy nahmen an dieser Party nicht teil. Es war für alle Mitschüler und Mitschülerinnen aus der Schule von Suchowola und Okopy.“[31]

Jeder erhielt an diesem Tag von Jerzy Popiełuszko ein Primizbildchen, auf dem ein modifiziertes biblisches Zitat war: „Gott sendet mich, dass ich das Evangelium verkündige und die Wunden von schmerzenden Herzen heile“, und darunter: „Mit der Vollmacht des Priestertums Christi segnet Jerzy Popiełuszko. Warschau 1972. Jesus, sei ein Preis für die Familie, Kraft und Licht denjenigen, zu denen du mich sendest.“[32]

Nach der Priesterweihe beschlossen Jerzy und sein bester Freund auf dem Priesterseminar, Bogdan Liniewski, der später Missionar in Afrika werden sollte, ihr inoffizielles Motto für den priesterlichen Dienst. Es lautete: „Nicht zu Pfaffen werden“. Was war damit genau gemeint? „Nach unserem Verständnis“, so Liniewski, „war der Pfaffe ein tadellos gekleideter Priester im Priestergewand, der hauptsächlich mit seinen eigenen Angelegenheiten beschäftigt ist und der keine Zeit und keine Liebe für die Menschen hat. Wir wollten so weit wie möglich für andere sein.“[33]

UNTERWEGS DURCH VERSCHIEDENE PFARREIEN

Erste Pfarrei in Ząbki bei Warschau

Nach der Priesterweihe wurde Jerzy Popiełuszko zur Kirche der Heiligen Dreifaltigkeit in Ząbki bei Warschau geschickt. Im Juni 1972 kam er zu der Pfarrei und begann sofort mit dem seelsorgerischen Dienst. Zu seinen Hauptaktivitäten gehörte der Religionsunterricht, der damals im Pfarrhaus stattfand. Die Kinder liebten ihn, die jungen Leute folgten ihm. Er war jung, energisch und hatte viele Ideen für die Evangelisierung. So gründete er beispielsweise einen Rosenkranzkreis für Kinder. „Ich habe oft durch das Fenster gesehen, dass er nach dem Religionsunterricht von einer Schar von Kindern begleitet wurde, die versuchten, ihm in den Raum zu folgen", erinnert sich Pfarrer Zdzisław Gniazdowski, damaliger zweiter Pfarrvikar in der Gemeinde von Ząbki, an das Charisma des jungen Mannes.

Fürwahr: Jerzy Popiełuszko mochte es, mit Menschen zusammen zu sein, nicht nur mit jungen Leuten – und die Menschen spürten das. Viele Erwachsene kamen mit ihren Sorgen, Fragen und Nöten in sein Zimmer im Pfarrhaus, das ihnen immer offen stand. Der Clou: Wer Popiełuszko besuchte, kam nicht nur mit einem guten Wort, sondern stets auch mit einem kleinen Geschenk heraus: einem Heiligenbild oder mit Süßigkeiten. „Als ich Priester Jerzy in der Seelsorge kennenlernte, entdeckte ich in ihm neue Fähigkeiten: die Begabung, Menschen um sich zu versammeln. Die Menschen erkannten im jungen Popiełuszko eine große Freundlichkeit und Offenheit für sie und ihre Bedürfnisse", erinnert sich Bischof Władysław Miziołek, der ehemalige Rektor des Priesterseminars.[34]

Trotz schlechter Gesundheit hatte dieser begnadete Menschenfischer viele Pflichten. Er beklagte sich bei niemandem, wenn er sich schlecht fühlte. „Am Abend, beim Abendessen, fast jeden Tag war es offensichtlich, dass er müde war. Er klagte nie über seine Gesundheit, aber auf dem Tischlein in seinem Zimmer befanden sich Medikamente, die er regelmäßig einnehmen musste", erinnert sich Tadeusz Karolak, damaliger Pfarrer in Ząbki[35]. Er hatte oft Probleme mit seiner Kehle, manchmal konnte er nicht sprechen und dann bat er seine Priesterkollegen, die Predigt für ihn zu halten oder ihn zu ersetzen. Zu dieser Zeit wurde er auch der örtliche Seelsorger für die Kranken und das Gesundheitspersonal. Er feierte jeden Sonntag die heilige Messe in der psychiatrischen Klinik im naheliegenden Dorf Drewnica.

Jerzy Popiełuszko selbst hielt damals keine lange Predigten. Seine Texte waren kurz und prägnant, aber auch durchdacht. Es war, wenn er sprach, eine gewisse Scheu zu spüren. Manche machten sogar Witze darüber. Als wäre der Wert jedes Wortes für ihn mit einer besonderen Schwere und Verantwortung verbunden, als dürfe man nichts leichtfertig sagen, sondern nur im hundertprozentigen Einklang mit der eigenen Überzeugung. Niemand konnte damals ahnen, dass nur ein paar Jahre später die Predigten dieses Mannes in ganz Polen und auch darüber hinaus zur Kenntnis genommen werden würden.

Im Sommer 1974 fuhr Jerzy Popiełuszko zum ersten Mal mit der befreundeten Familie Klimek aus Ząbki und dem Priesterkollegen Gniazdowski ins Ausland. Mit einem Fiat 125p, welcher der Familie Klimek gehörte, reisten sie durch die damalige DDR: Berlin, Dresden und Torgau. Im selben Jahr – vom 20. Juni bis zum 2. August 1974 – reiste er auf Einladung einer Tante seiner Mutter, Mary Kalinoski, auch in die Vereinigten Staaten von Amerika. Diese Tante lebte in Pittsburgh im Westen von Pennsylvania. Er traf dort viele Verwandte der Mutter, mit denen zusammen er New York, Washington, Philadelphia und Chicago besuchte.[36] Das war eine wichtige Horizonterweiterung und dazu ein Zeichen, wie weltoffen die Polen doch sind – schon damals; mag ihnen dies von manchen Leuten, die international längst nicht so gut vernetzt sind, kurioserweise auch abgesprochen werden.

Im Oktober 1975 wurde Jerzy Popiełuszko in eine andere Gemeinde geschickt, wo es weniger Arbeit gab. In der Kurie sah man, dass er zu schwach für die Bedürfnisse der Pfarrei von Ząbki war. „Er war ein sehr guter Mann, ich sah in ihm keine Charakterschwäche und Willensschwäche. Ich erinnere mich nicht, dass er stritt oder dass er aufgeregt war. Er war ein netter Mensch und in allem, was er tat, war er ein Priester, ein guter Priester", fasst Pfarrer Karolak die Zeit des Aufenthalts von Jerzy Popiełuszko in der Pfarrei der Heiligen Dreifaltigkeit zusammen.[37]

Zweite Pfarrei in Anin und Ferien in Amerika

Im Oktober 1975 begann Jerzy Popiełuszko seine Arbeit in der Pfarrei der Gottesmutter Königin von Polen in Anin. Anin ist eine Wohnsiedlung im Südosten von Warschau, im Stadtteil Wawer. Sie wurde zu Beginn des 20. Jahrhunderts unter alten, riesigen Bäumen gegründet. Zu Beginn der 70er-Jahre gab es in der Pfarrei noch keine Kirche. Deshalb wohnte Popiełuszko im Kino „Wrzos", das zur Pfarrei gehörte. Der Bau der Kirche begann gerade, die Gemeinde hatte 10 000 Mitglieder. Zu den täglichen Pflichten von Jerzy Popiełuszko gehörte die Feier der heiligen Messe, das Hören der Beichte – was damals in Polen noch mehr als heute rein quantitativ Schwerstarbeit war – und der Religionsunterricht. Auch in dieser Pfarrei war er hauptsächlich für die Jugendlichen zuständig und tätig. So betreute er auch eine Gruppe von hundert Messdienern, mit denen er gelegentlich Fußball spielte. Aus der Gruppe der Kinder, die sich auf die Erstkommunion vorbereiteten, gründete er einen Chor. „Er verstand sich sehr gut mit den Jungen, aber er war nicht ihr Kumpel, der sich auf die Schultern klopfen lässt", bilanziert der damalige Pfarrer der Gemeinde, Wiesław Kalisiak, sein Engagement.[38]

In der Pfarrei in Anin lernte Popiełuszko einige Familien kennen, mit denen er eine Freundschaft entwickelte, die bis zum Ende seines Lebens andauern sollte. Diese Menschen waren seine neue Familie, was nicht heißt, dass er seine leibliche Familie vergessen hatte. „Was er hatte, gab er anderen. Er gab allen Geschenke. Er kaufte zwei Sachen, um jemandem etwas zu geben. Er suchte Menschen, denen geholfen werden musste", erinnert sich Józef Oryga, dessen Familie befreundet mit Popiełuszko war.[39] „Er war ein sehr eifriger Priester und gleichzeitig ein sehr warmherziger Mensch, der die menschlichen Bedürfnisse erfüllte und spürte, was der Mensch braucht, den er gerade getroffen hatte. Wenn er auf diese Weise Menschen näher zu Gott bringen konnte, freute er sich noch mehr. Aber er hat niemand etwas aufgezwungen", fügt Wanda Oryga hinzu.[40]

Im Sommer 1976 reiste Popiełuszko wieder für zwei Monate zu seiner Tante Mary Kalinoski in die USA. Zu dieser Zeit, vom 1. bis zum 8. August 1976, fand in Philadelphia der Eucharistische Weltkongress statt. Jerzy Popiełuszko wurde zur internationalen Konzelebration der heiligen Messe am Ende des Kongresses im JFK-Stadion zugelassen. Mit dieser Eucharistiefeier ist eine interessante Anekdote verbunden. Kurz vor Beginn der heiligen Messe verwechselte Popiełuszko nämlich ein weißes liturgisches Untergewand, das für Priester vorbereitet war, mit einem Messgewand. Er ging zu dem Podium, wo nur die höheren Hierarchen waren. Als ihm der Fehler klar wurde, tat er so, als wäre er der Sekretär eines Bischofs, und suchte vorgeblich nach seinem Vorgesetzten. Einer der Hierarchen bemerkte seine Verlegenheit und sagte ganz ruhig zu ihm: „Schau, Junge, hier gibt es keine Bischöfe, nur Kardinäle, aber setz dich einfach dazu."[41] An diesem Kongress nahmen übrigens auch Karol Kardinal Wojtyła, der Metropolit von Krakau und spätere Papst, sowie Mutter Teresa aus Kalkutta und Dorothy Day teil. Rückblickend könnte man sagen: Es war also fast schon eine Art irdische Heiligenversammlung.

Bevor Popiełuszko nach Polen zurückkehrte, reiste er mit den Verwandten nach Kanada, wo er zehn Tage mit ihnen verbrachte. Von Toronto aus schickte er Józef Oryga eine Postkarte – mit folgenden Worten: „Nächstes Mal müssen wir diese Reise zusammen machen, weil ich diesmal niemand bei mir hatte, mit dem ich über diesen faulen Westen meckern konnte."[42] Und tatsächlich: Popiełuszko hatte viele Vorbehalte gegenüber Amerika. Er sagte einmal: „Ich könnte auswandern, aber ich möchte in Polen sterben, wenn Gott es will."[43]

Auch in Anin hatte Jerzy Popiełuszko gesundheitliche Probleme. Pfarrer Kalisiak erinnert sich, dass „er Probleme mit seiner Kehle hatte. Er hatte Fieber. Er war kein eingebildeter Kranker oder Hypochonder, er hatte wirklich einen schlechten Gesundheitszustand. Wahrscheinlich deswegen vergaß er manchmal etwas, und da ich damals ziemlich impulsiv war, geschah es, dass ich ihm ordentlich den Kopf gewaschen habe."[44] Man sieht daran aber: Die Worte des Korintherbriefes

„Was schwach ist vor der Welt, das hat Gott erwählt" (1 Kor 1, 27) sind gültig. Ausgerechnet der Mann, der sogar im Raum der Kirche als schwächlich galt, sollte das brutal-gefährliche System der Kommunisten herausfordern. Was für eine göttliche Logik. Am 20. Mai 1978 wurde Jerzy Popiełuszko von der Gemeinde in Anin abberufen. Er kam in die Pfarrei des Jesuskindes und näherte sich auch geografisch seinem Bestimmungsort.

Pfarrei des Jesuskindes in Warschau
Die Pfarrei des Jesuskindes befindet sich im Warschauer Stadtteil Żoliborz Oficerski, nur einen Kilometer von der Hl.-Stanislaus-Kostka-Kirche entfernt, bei der die sterblichen Überreste Popiełuszkos heute ruhen. Die Kirche befindet sich zwischen schönen, gediegenen Wohnhäusern. Der Bezirk Żoliborz Oficerski wurde vor dem Krieg gegründet und von der Warschauer Intelligenz bewohnt. Auch heute noch. Die Häuser erinnern an die Herrenhäuser aus dem 18. Jahrhundert. Sie haben schräge Dächer, die mit Ziegeln gedeckt sind, barocke Dachböden und Veranden mit Säulen. Es gibt auch viel Grün und einen Park, wo besonders am Sonntag viele Familien mit Kindern spazieren gehen.

Jerzy Popiełuszko begann die Arbeit in dieser Pfarrei Mitte Juni 1978. Er wohnte im Pfarrhaus gegenüber der Kirche. Auch hier nahm die Katechese die meiste Zeit in Anspruch. Die Bedingungen waren schwierig, es gab nicht einmal Schülertische in dem für die Katechese vorgesehenen Raum. Popiełuszko machte daher für die Schüler Sperrholzstützen, auf die sie ihre Notizbücher legen und schreiben konnten. Eine der Aufgaben, die er den Kindern als Hausaufgabe anvertraute, war es, einen Rosenkranz nach eigener Vorstellung zu machen. „Er war ein genialer und hingebungsvoller Katechet", sagt Pfarrer Jan Szymborski, damals Pfarrer der Gemeinde.[45] Der Geistliche Czesław Banaszkiewicz, Nachbar von Jerzy Popiełuszko im Pfarrhaus, erinnert sich, wie Popiełuszko die sogenannten „Ikonen", Bilder der Gottesmutter von Tschenstochau, auf ein Holzbrett klebte und den Kindern Plastik-Rosenkränze schenkte, die sie sich an die Finger stecken konnten. „Ich weiß nicht, woher er sie hatte, wo er sie gekauft hat, sie waren in Pappkartons in seinem Zimmer", sagt Banaszkiewicz.[46]

Auch in dieser Pfarrei hatte Jerzy Popiełuszko oft mit kranken und leidenden Menschen zu tun, denen er sich aufgrund seiner eigenen schwachen Konstitution besonders verbunden fühlte. Am ersten Freitag des Monats besuchte er die Kranken in ihren Häusern, er nahm ihnen die Beichte ab und spendete die heilige Kommunion. Er half ihnen bei dieser Gelegenheit in ihren spezifischen Anliegen. „Er wollte Gott allen näherbringen, er war glücklich, die Beichte zu hören. Ich sagte ihm immer: Wenn du willst, dass sich die Menschen bekehren, dann darfst du selbst keine schlechten Dinge tun. Wenn man beichtet und weiterhin dasselbe tut, ist das böse. Tu es nicht! Dies hat Jerzy beherzigt", erinnert sich Marianna Popiełuszko.[47]

Im September 1978 wurde Jerzy Popiełuszko von seinem Cousin Kazimierz Gniedziejko, der an der Universität in Białystok studierte, besucht. Gniedziejko sagte ihm, dass er auch Priester werden wolle. Popiełuszko antwortete ihm: „Es ist ein schwieriger Weg, das priesterliche Leben ist sehr schwierig."[48] Dann ging er mit seinem Cousin zum Warschauer Priesterseminar, wo dieser blieb. In der Zwischenzeit fuhr Popiełuszko zu dessen Familienhaus nach Grodzisko, um für den Verwandten ein zusätzliches Hemd, einen Pullover und Bettwäsche mitzubringen. Ein kleiner Dienst, eine Hilfsbereitschaft, die viel über seine Herzensgüte verrät.

Einen Monat später, am 16. Oktober 1978, geschah dann in Rom das Ereignis, das die Welt verändern und auch für das

Leben von Jerzy Popiełuszko eine enorme Bedeutung haben sollte: Der Metropolit von Krakau, Karol Wojtyła, wurde zum Papst gewählt und wählte den Namen Johannes Paul II. Unmittelbar nach seiner Wahl bat Jerzy Popiełuszko Schwester Jana Płaska, die in der Warschauer Kurie arbeitete, ihm alles zu geben, was man über den neuen Papst lesen konnte. „Jerzy Popiełuszko hat seine ganze pastorale und homiletische Tätigkeit auf die Lehre des Heiligen Vaters, seine Briefe, Enzykliken und andere Dokumente gestützt", schreibt Schwester Płaska in ihren Memoiren.[49]

Ab Januar 1979 wurde Popiełuszko zum Seelsorger des medizinischen Personals ernannt. Er fing an, die heiligen Messen für die Krankenschwestern in der Kapelle der Vinzentinerinnen an der Krakowskie-Przedmieście-Straße (Krakauer Vorstadt) zu feiern, wo sich das „Res Sacra Miser"-Pflegeheim befindet. Mit der Zeit begannen zu diesen Messen weitere Krankenschwestern zu kommen. Ergänzend zu diesen Messen traf sich Popiełuszko einmal im Monat mit ihnen in seiner Gemeinde. „Zuerst einmal war ich während dieser Messe beeindruckt von seiner außergewöhnlichen Art, das Opfer zu feiern. Er war sehr konzentriert, er hatte eine veränderte Stimme – im Moment der Transsubstantiation, wenn der Priester die Hostie nimmt und die Worte ‚Nehmet und esset' ausspricht; er machte es so, als würde er die Hostie den Menschen geben, es gab eine solche Bewegung, als würde er sie ihnen überreichen. Ich habe nie eine solche Konzentration und ein solches Halten der Hostie im Moment der Konsekration gesehen", erinnert sich Barbara Janiszewska, die zu einer guten Bekannten von Popiełuszkos wurde.[50]

Trotz der kleineren Anzahl von Tätigkeiten, fühlte sich Popiełuszko aber physisch weiterhin schlecht. Einige dachten, dass er vorgab, krank zu sein, um sich so der Arbeit entziehen zu können. Manchmal führte dies zu Spannungen in der Pfarrei. Dies war nicht das erste Mal, denn auch in Anin wurde er beschuldigt, ein Drückeberger zu sein. Offenbar erkannte damals niemand, wie krank und schwach er wirklich war. Im März 1979 wurde er ins Krankenhaus zum Institut für Hämatologie geschickt. Es stellte sich heraus, dass er an perniziöser Anämie litt, was bedeutete, dass der Körper das Vitamin B12 nicht absorbierte. Deshalb litt Popiełuszko stets unter Schwindelgefühlen, Ohnmacht und war müde. Dazu kam eine chronische Zungenentzündung. Einen ganzen Monat blieb er im Krankenhaus. Danach musste er, um normal leben und arbeiten zu können, jeden Tag ausreichend Vitamin B12 einnehmen. Die Injektionen setzten ihm die Krankenschwestern, die er aus der seelsorgerlichen Tätigkeit kannte. Sicherlich war es nicht schwierig, für diesen Dienst Freiwillige zu finden.

In der Zwischenzeit fragte Pfarrer Szymborski in der Kurie nach einem neuen Pfarrvikar, der normal arbeiten könne. Einen Monat, nachdem Jerzy Popiełuszko das Krankenhaus verlassen hatte, wurde er zu einer neuen Gemeinde geschickt. Nämlich zur Pfarrei der Johanneskathedrale in der Warschauer Altstadt. Er sollte jedoch als Priester in der nahegelegenen Anna-Kirche arbeiten, die als Studenten- und Akademiker-Kirche fungierte.

Als Mitbewohner in der akademischen Anna-Kirche

Die Kirche der heiligen Anna wurde bereits im Jahr 1454 erbaut. Auf Initiative der Benediktiner, im Stil der Backsteingotik, wie sie typisch ist für Masowien, die Region rund um Warschau. Sie wurde während des Warschauer Aufstands im Jahr 1944 niedergebrannt und nach dem Krieg wieder aufgebaut. In ihr versammelte sich in den 70er-Jahren die Elite der Warschauer Studenten. Von daher kann man es durchaus als eine Auszeichnung für Jerzy Popiełuszko verstehen, dass er dort als Priester tätig werden durfte. Er jedoch dachte nicht in diesen Kategorien. Er wollte einfach nur seinen Dienst tun. So gut wie möglich.

Popiełuszko wohnte im Pfarrhaus, in einem kleinen Raum im Dachgeschoss. Er arbeitete hier vor allem mit Studenten, aber er leitete auch weiter die Seelsorge der Krankenschwestern. Er feierte jeden Sonntag um 21 Uhr die heilige Messe und hielt Predigten für Studenten. Er leitete auch Seminare für Medizinstudenten, zu denen er bekannte Spezialisten einlud: Psychologen, Psychiater, Sexologen oder Theologen, die Vorträge über Moral und Ethik hielten. Oft wurde dabei auch der notwendige Schutz des Lebens von ungeborenen Kindern angesprochen. Popiełuszko glaubte, dass man Frauen, die zögerten, ob sie ein Kind zur Welt bringen sollten, bei der Entscheidung helfen müsse, sich für eine Geburt zu entscheiden. Deshalb gründete er einen Pflegekreis, der schwangeren Mädchen und alleinerziehenden Müttern konkrete Hilfe anbot. „Der Beruf des Krankenpflegers und Arztes ist eigentlich eine Berufung, die dem Priestertum am nächsten kommt – da man Barmherzigkeit für diejenigen praktiziert, die es am meisten brauchen, für Kranke und Leidende. Sie sind (...) der wertvollste Teil der Kirche. Durch ihr Leiden und Kreuz stehen sie Christus am nächsten", sagte Popiełuszko während eines dieser Treffen.[51]

Jerzy Popiełuszko verbrachte auch die Freizeit und Familienfeierlichkeiten mit seinen Studenten. Er traute sie bei Hochzeiten, taufte ihre Kinder und feierte den Namenstag jedes Einzelnen von ihnen. Als Geschenk bot er ihnen stets eine heilige Messe an. „Dieser junge, zweiunddreißigjährige Priester, der zu den informellen Treffen meist in Jeans und Pullover erschien, ohne Halskragen, gewann schnell die jungen Leute. (...) Er war bekannt dafür, vernünftig zu sein, und er gab wertvolle Ratschläge, wenn wir ihn darum baten. Auch als er die Beichte abnahm, fühlte er sich gut in die Situation des Beichtenden ein und half, wichtige Entscheidungen zu treffen. Deshalb standen so viele von uns in der Warteschlange, wenn er im Beichtstuhl saß", erinnert sich Wojciech Bąkowski, damals Medizinstudent, heute Arzt im Kurort Konstancin.[52]

Als Seelsorger des medizinischen Personals in Warschau war Popiełuszko auch verantwortlich für die Organisation des medizinischen Dienstes in der Hauptstadt während der ersten Pilgerreise von Papst Johannes Paul II. nach Polen im Jahr 1979. Jerzy Popiełuszko wachte daher über mehrere Hundert Menschen: Ärzte, Krankenschwestern, Medizinstudenten, die sich um die Pilger kümmern sollten, die zur heiligen Messe mit dem Papst kommen und sich auf seiner Fahrtstrecke durch Warschau versammeln würden. Popiełuszko war mit ihnen bei der heiligen Messe auf dem Siegesplatz (heute Piłsudski-Platz) am 2. Juni 1979, als Johannes Paul II. die denkwürdigen Worte sprach: „Und ich rufe, ich, ein Sohn polnischer Erde und zugleich Papst Johannes Paul II., ich rufe aus der ganzen Tiefe dieses Jahrhunderts, rufe am Vorabend des Pfingstfestes: Sende aus deinen Geist! Sende aus deinen Geist! Und erneuere das Angesicht der Erde! *Dieser* Erde!"[53]

Am nächsten Tag, am 3. Juni 1979, traf sich der Papst mit Studenten vor der Anna-Kirche. Popiełuszko war dabei zusammen mit vielen jungen Leuten anwesend. Papst Johannes Paul II. sagte zu den jungen Leuten: „Nur der Heilige Geist kann dieses Herz füllen, das heißt, durch Liebe und Weisheit zur Selbstverwirklichung führen."[54] An diesem Tag schrieb Jerzy Popiełuszko folgende Sätze in seinen *Aufzeichnungen* nieder: „Der Heilige Geist erneuert das Antlitz der Erde, erneuert das menschliche Herz. Der Heilige Geist atmete, besonders gestern und heute, in unserer Stadt durch die Person von Johannes Paul II. Lasst uns beten. Erinnern wir uns: Wir sind der Tempel des Heiligen Geistes."[55]

Während der Pilgerreise von Johannes Paul II. kam auch Popiełuszkos Tante, Mary Kalinoski, nach Polen. Gemeinsam reisten sie auf den Spuren des Heiligen Vaters zu den Orten, die er besuchte. Als sie sah, unter welchen schlechten Bedingungen der kranke Popiełuszko wohnte, entschloss sich Kalinoski, in Warschau eine Wohnung für ihn zu kaufen, die sie, wenn sie zu Besuch in Polen wäre, auch selbst benutzen könnte. Sie wusste nicht, dass es ihr letzter Besuch in Polen war. Kalinoski kaufte eine Wohnung mit einer Fläche von 26,7 Quadratmeter im 13. Stock in einem Hochhaus an der Chłodna-Straße 15. Dort zog Popiełuszko ein; wie es übrigens auch heute noch üblich in Polen ist, dass manche Priester allein in ganz normalen Wohnungen leben. Später werden die kommunistischen Behörden ihn beschuldigen, eine Art „Garçonnière" zu besitzen, eine erotische Absteige, um ihn damit ins Zwielicht zu rücken.

Den Urlaub 1979 verbrachte Jerzy Popiełuszko bei seiner Familie zuhause in Okopy. Marianna Popiełuszko kümmerte sich so gut wie möglich um ihn, was sich positiv auf seinen Gesundheitszustand auswirkte. Verwandte und Nachbarn kamen, um ihn zu sehen und mit ihm zu reden. Das Haus war immer voll. Marianna backte dazu Brot und bereitete selbst produzierte Wurst mit Senf vor, um die Gäste damit zu bewirten. Jeden Abend, um 21 Uhr, sangen sie zusammen mit der ganzen Familie auf den Knien den „Appell von Jasna Góra".[56] „Maria, Königin von Polen. Ich bin bei dir, erinnere mich an dich und wache!"

In der Fastenzeit des Jahres 1980 notierte Popiełuszko in einer Predigt: „Es ist nicht leicht, sich dazu zu entscheiden, mit Christus nach Jerusalem zu gehen, um dort zu leiden, um gequält und schließlich gekreuzigt zu werden. Jeder Mensch bevorzugt ein angenehmes und weiches Leben statt eines harten Lebens voller Opfer und Demütigungen. Aber es gibt keinen anderen Weg, wenn wir die Auferstehung Christi in der Christenheit und auf Gottes Art leben wollen: Wir müssen durch die Mühsal Christi in Jerusalem einziehen."[57]

Im Mai 1980 wurde Popiełuszko das Angebot gemacht, in die Hl.-Stanislaus-Kostka-Pfarrei im Warschauer Stadtteil Żoliborz umzuziehen. Die Studenten waren geschockt. Sie konnten sich nicht vorstellen, wie es ohne ihn sein würde. „Alles, was Priester Jerzy getan hat, entwickelte sich, er zog die Menschen zu sich, weil er sich nicht darauf beschränkte, die Pflichten von A bis Z zu erfüllen, sondern er war ganz für andere da", erinnert sich Elżbieta Murawska.[58] Er selbst sagte einmal: „Überall, wo ich anfange, etwas zu tun, versuche ich es entweder ganz oder gar nicht zu machen, also den Dienst sehr ernst zu nehmen und mein Herz in das zu legen, was ich tue."[59] Er brauchte zur Verwirklichung dieser Ethik und Hingabe aber ein Mindestmaß an Ruhe und wenigen Aufgaben. Der damalige Pfarrer der Hl.-Stanislaus-Kostka-Kirche war einverstanden, ihn als Mitbewohner in seiner Pfarrei aufzunehmen.

KAPITEL 4

ANKUNFT IN DER HL.-STANISLAUS-KOSTKA-PFARREI

Diese Kirche wurde in der sogenannten Zwischenkriegszeit gebaut, also in der Zeit zwischen 1919 und 1939. Manche Quellen behaupten, dass die Gründung der Kirche mit der Feier des 250. Jahrestags des Sieges von König Johann III. Sobieski über die Türken verbunden war. Während der Verteidigung von Warschau im September 1939 wurde die Kirche durch Artilleriegranaten und Luftbomben beschädigt. Später – während des Warschauer Aufstands 1944 – wurde sie gar zerstört, da sich das Krankenhaus der Aufständischen in ihr befand. Humanitäre Gesichtspunkte waren außer Kraft gesetzt. Nach dem Zweiten Weltkrieg wurde mit den Wiederaufbauarbeiten an der Kirche begonnen. Am 7. September 1963 wurde die Kirche von Stefan Kardinal Wyszyński konsekriert. Das Glasfenster im Presbyterium zeigt die Geschichte Polens und die Geschichte der katholischen Kirche in Polen. Das Kirchenschiff ist auch heute noch mit zahlreichen rot-weißen Bannern geschmückt, welche die Geschichte des Kampfes für die Unabhängigkeit Polens symbolisieren.

In den Jahren von 1974 bis 1987 war der Pfarrer der Hl.-Stanislaus-Kostka-Kirche ein Geistlicher namens Teofil Bogucki, der schon damals eine bedeutende Gestalt der Kirche in Polen war. Er wurde von den Gemeindemitgliedern sehr geschätzt und respektiert. Nicht nur, weil er sich an den Aktivitäten der Opposition beteiligte. Schon während des Warschauer Aufstands war er ein Kaplan der Heimatarmee gewesen. In den 60er-Jahren hatte er in Warschau die sogenannte *Milieuseelsorge* eingeführt. Er hatte sein ganzes Leben den Kranken, Behinderten und Armen gewidmet. Heute befindet sich auch sein Grab in Nähe der Kirche, direkt neben der Grabstelle von Jerzy Popiełuszko. Zu Lebzeiten waren sie durch eine tiefe Freundschaft und Herzlichkeit miteinander verbunden. „Ich weiß, dass die Beziehung zwischen meinem Sohn, dem Priester Jerzy, und dem damaligen Pfarrer Teofil Bogucki sehr herzlich war. Jerzy behandelte den Pfarrer wie seinen Vater. Er unternahm nichts in der Hl.-Stanislaus-Kostka-Kirche ohne sein Wissen. Wenn er manchmal nach Hause kam, bat er um frisches Landbrot und Bauernwurst für seinen Pfarrer“, erinnert sich die Mutter Popiełuszkos.[60]

Nach der Ankunft in der neuen Pfarrei, Ende Mai 1980, wohnte Jerzy Popiełuszko im Pfarrhaus, in einer Zweizimmerwohnung im Erdgeschoss. Nach zwei Jahren, als seine Sicherheit bereits gefährdet war, zog er in ein Zimmer im ersten Stock. In seinem Zimmer standen ein Sofa, zwei Sessel, ein Couchtisch und ein Bücherregal, auf welchem ein Bild des hl. Maximilian Kolbe stand. Er feierte täglich Messen, nahm Beichten ab und besuchte die Kranken an jedem ersten Freitag des Monats. „Als er in die Pfarrei kam, war er einfach, schüchtern, wie verängstigt. Ich fragte mich, welchen Trost ich von ihm haben würde. Er brannte nicht auf die Predigten, er vermied es zu singen. Aber etwas strahlte von ihm aus. Etwas zog mich an, etwas war uns gemeinsam. Er war anders als alle anderen, aber er war ein direkter Mensch, unser Mann. Man musste nicht lange warten, bis der Priester Jerzy seine Persönlichkeit zeigen würde", schrieb Pfarrer Bogucki in seinen Memoiren.[61]

Unmittelbar nach dem Umzug in die neue Pfarrei flog Popiełuszko wieder in die USA. Für seine Tante Mary Kalinoski nahm er zwei Bücher über Johannes Paul II. mit. Diesmal besuchte er mit seinen Verwandten Florida, wo er zehn Tage verbrachte. Zu dieser Zeit wurde er in den USA von seinem alten Freund Liniewski besucht, der inzwischen als Missionar an der Elfenbeinküste arbeitete. Sie verbrachten zwei Wochen in Pittsburgh. Liniewski erinnerte sich, dass Jerzy zwar Englisch lernte, es aber nur schlecht sprach.[62] Ende Juli kamen sie zusammen nach Polen zurück. Popiełuszko, so dachte man, würde nun das ruhige Leben eines Mitbewohners und Gastpriesters anfangen. Niemand ahnte, dass seine Mission gerade erst begonnen hatte.

DIE MISSION BEGINNT: SOLIDARITÄT MIT DEN ARBEITERN

Am 1. Juli 1980 führten die kommunistischen Behörden in Polen enorme Preiserhöhungen für Nahrungsmittel ein. Dies führte zu einer Welle von Protesten und Streiks im ganzen Land, angefangen mit dem Streik der Eisenbahner in Lublin. Am 16. August 1980 wurde in der Danziger Werft ein überbetriebliches Streikkomitee gegründet, geleitet von Lech Wałęsa. Das Komitee formulierte 21 Forderungen. Aus den Gesprächen zwischen den Arbeitern und der Partei sollte bald eine große unabhängige und selbst verwaltete Gewerkschaft „Solidarność" (NSZZ Solidarność) entstehen.

„Zu der Zeit, als der Priester Jerzy in der Hl.-Stanislaus-Kostka-Kirche wohnte, erlebte Polen eine soziale und politische Krise. Die Kommunisten regierten Polen, die Wirtschaftskrise verschärfte sich und die soziale Unzufriedenheit nahm zu. Immer häufiger protestierten die Arbeiter. Der Priester Jerzy sah das alles und handelte als Priester", betont seine Mutter.[63]

Auch in Warschau fingen die Arbeiter an zu protestieren. Am 29. August 1980 begann die Warschauer Hütte (Huta Warszawa) mit einem Streik. 10.000 Arbeiter hatten einen Sitzstreik angekündigt. Die Hütte befand sich nur ein paar Kilometer von der Hl.-Stanislaus-Kostka-Kirche, im Młociny Bezirk, entfernt. Drei Tage später, am Sonntag, suchten die Stahlarbeiter in den umliegenden Pfarreien einen Priester, der die Sonntagsmesse für sie feiere. Sie suchten auch jemanden, der sie bei Gesprächen mit der Hüttenverwaltung vertreten würde. „Die Herzen waren heiß, aber das Wissen lag bei Null", sagt Jan Marczak, ein Mitglied des Komitees und ab 1984 der Leiter des Kirchlichen Sicherheitsdienstes in der Hl.-Stanislaus-Kostka-Kirche.[64] Weil ihnen kein Priester helfen konnte – wegen Sommerferien –, gingen die Stahlarbeiter zur Residenz des Primas Wyszyński auf der Miodowa-Straße. Zusammen mit dem Kaplan des Primas kamen sie zum Pfarrer Bogucki, welcher der Dekan des Żoliborz-Dekanats war. Einen Berater hatten sie nicht gefunden, aber Pfarrer Bogucki delegierte Pfarrvikar Jerzy Popiełuszko an die Hütte. Er war wie immer einverstanden.

Später in einem Interview für das Magazin „Gottes Ordnung" (Boży Ład) erzählte Popiełuszko, was er damals fühlte: „Ich ging mit großem Lampenfieber dorthin. Die Situation war völlig neu. Was finde ich dort? Wie werden sie mich aufnehmen? Wird es einen Raum für das Messefeiern geben? Wer wird die Texte lesen, singen?" Popiełuszko war jedoch unnötig besorgt. Nachdem er das Hüttentor passiert hatte, begrüßten ihn die Stahlarbeiter mit großem Applaus. „Ich dachte, dass mir jemand Wichtiges folgt, aber es war Applaus für den ersten Priester, der in der Geschichte dieses Betriebs durch das Tor ging. Da dachte ich: Applaus für die Kirche, die dreißig Jahre lang ununterbrochen an die Tore der Fabriken geklopft hat."[65]

Als Jerzy Popiełuszko in die Hütte kam, war bereits alles für die heilige Messe vorbereitet: der Altar, das Kreuz, der Beichtstuhl. Nach der Beichte feierte Popiełuszko zusammen mit dem Geistlichen Lucjan Kołodziej die heilige Messe, an der fast alle streikenden Stahlarbeiter teilnahmen. Die Lektoren waren Arbeiter, sie sangen auch die religiösen Lieder mit lauter Stimme. „Ich erinnere mich daran, wie die Arbeiter aussahen, die von der Messe zurückkamen, wie erbaut sie waren. Ein Lächeln leuchtete endlich auf ihren Gesichtern. Streik heißt Angst, man weiß nicht, wie er enden wird. Die Arbeiter aber waren sehr getröstet", erinnert sich Karol Szadurski, der spätere „Solidarność"-Vorsitzende in der Warschauer Hütte.[66]

Zwei Wochen nach der heiligen Messe besuchte Jerzy Popiełuszko die Stahlarbeiter vom betrieblichen Gewerkschaftskomitee und lud sie zur Messe in der Hl.-Stanislaus-Kostka-Kirche ein. Dann kam er oft zur Hütte und sprach mit den Arbeitern. Auf diese Weise war er an der Gründung von „Solidarność" beteiligt. Lech Sokołowski, ein Stahlarbeiter, erinnert sich: „Er hat sein Priestertum nicht zur Schau gestellt, er hat den Eindruck gemacht, als wäre er einer von uns. Als ich ihn zum ersten Mal sah, war er ohne Soutane und wahrscheinlich auch ohne Halskragen, ich dachte nicht, dass es ein Priester wäre." Und: „Er war in unserem Alter. Er war sehr freundlich", fügt Szadurski hinzu.[67]

Auch Popiełuszko sprach darüber, wie er den Kontakt mit den Stahlarbeitern empfand und wie dieser begann: „Ich habe die gleichen Ängste wie die Stahlarbeiter erlebt. Ich habe Menschen erlebt, die bis an die Grenze ihrer Kräfte erschöpft waren, auf dem Bürgersteig knieten und beichteten, und dabei verstanden sie wahrscheinlich, dass sie stark waren, dass sie stark waren in Verbindung mit Gott, mit der Kirche. Damals ist das Bedürfnis entstanden, bei ihnen zu bleiben."[68]

*

Am 17. September 1980 wurde die unabhängige und selbst verwaltete Gewerkschaft „Solidarność" in Danzig gegrün-

det, deren Statuten im November beim Warschauer Regionalgericht registriert wurden. Zum Zeitpunkt der Registrierung
hatte die Gewerkschaft „Solidarność" bereits 10 Millionen
Mitglieder, also etwa 80 Prozent aller Beschäftigten. Sogar ehemalige rote Parteiaktivisten meldeten sich in dieser Gewerkschaft an. Auch in der Warschauer Hütte wurde „Solidarność"
gegründet und das Betriebskomitee wählte Jerzy Popiełuszko
zum Ehrenmitglied des Vorstandes und zum Kaplan der Hütte.

Karol Szadurski sagt, dass man auch in Warschau auf die Idee
kam, eine besondere „Solidarność"-Fahne haben zu wollen, so
wie es die Danziger Werft vorgemacht hatte. Die feierliche Seg-
nung der Fahne fand am 25. April 1981 während einer heiligen
Messe statt, die von Bischof Zbigniew Kraszewski, dem Weihbischof von Warschau, in der Hl.-Stanislaus-Kostka-Kirche gefeiert wurde. An der Messe nahmen das Parteikomitee und die
Verwaltung der Hütte teil. Es kamen fast 2000 Leute zu diesem
feierlichen Ereignis. „Die Einweihung der Fahne der Warschauer
Hütte war ein besonders bedeutsames Ereignis im Leben von
Jerzy Popiełuszko und symbolisierte seine Verbindung zu den
Stahlarbeitern. Die Zeremonie fand auf dem Balkon der Stirn-
seite der Hl.-Stanislaus-Kostka-Kirche statt. Die Messe wurde
von Bischof Zbigniew Kraszewski gefeiert. Die Liturgie wurde
durch Gedichte und Gesänge bereichert, die von bekannten
Warschauer Künstlern rezitiert wurden: Andrzej Wajda, Regis-
seur, und Alina Pieńkowska, Vertreterin des Gesundheitsdiens-
tes der Nationalkomitee NSZZ Solidarność. Es war eine sehr
würdige religiös-patriotische Versammlung", erinnert sich Pfarrer Marcin Wójtowicz, der damalige Pfarrvikar und Kollege von
Popiełuszko in der Hl.-Stanislaus-Kostka-Kirche, der dann später der Leiter einer anderen Warschauer Pfarrei wurde.[69]

Am 13. Mai 1981 kam dann der Schock: das Attentat auf
Papst Johannes Paul II. während der Generalaudienz auf dem
Petersplatz. Es war ein weiterer Tiefschlag für die gläubi-

gen Polen, die zu dieser Zeit bereits intensiv für die Gesundheit von Primas Stefan Kardinal Wyszyński beteten, da dieser ernsthaft erkrankt war. Die Zeit der Opfer und Prüfungen begann. Am Tag nach dem Anschlag feierte Jerzy Popiełuszko die heilige Messe für die Gesundheit von Johannes Paul II. auf dem Gelände der Hütte. Nach der Eucharistie wurde das Kreuz von einem behelfsmäßigen Altar von Popiełuszko und den Arbeitern vor das Tor der Hütte gestellt.

Der Papst erholte sich langsam, doch für den Primas sollte die irdische Reise bald zu Ende sein. Am 28. Mai 1981 starb Stefan Kardinal Wyszyński, der wahrscheinlich größte Primas in der Geschichte des polnischen Volkes. Er war ein wirklich mutiger und glaubwürdiger Hirte und Zeuge des Evangeliums, ein Diener Gottes, den viele Polen gern zur Ehre der Altäre erhoben sehen möchten. Dementsprechend groß war die Trauer. Während der Beerdigung des Primas, die am 31. Mai 1981 stattfand, organisierte Popiełuszko den medizinischen Dienst und die Stahlarbeiter bereiteten den Altar vor.

So schwierig die Zeit damals auch war, da sich, wie erwähnt, auch die Gesundheit von Johannes Paul II. nur sehr langsam stabilisierte – Jerzy Popiełuszko wurde immer vertrauter mit den Arbeitern, so wie er es vorher mit den Studenten in der Anna-Kirche gewesen war. Sein besonderes Charisma der zwischenmenschlichen, vom Heiligen Geist durchwirkten Solidarität begann immer mehr zu leuchten. Er organisierte Busfahrten für die Arbeiter, etwa nach Tschenstochau, Danzig oder Krakau. Es gelang ihm, dafür zu sorgen, dass die Arbeiter während dieser Reisen keinen Alkohol tranken. Popiełuszko überzeugte viele von ihnen, das Gelübde der Nüchternheit abzulegen, was angesichts der polnischen Trinkfestigkeit ein nicht zu unterschätzendes Wunder war. Einmal im Monat organisierte er die Treffen der sogenannten „Arbeiterschule", bei denen Spezialisten aus der Welt der Wirtschaft, der Kultur, des Rechts und der Kirche Vorträge hielten. Ungefähr 300 Leute kamen zu diesen Treffen sowohl von der Hütte als auch von den Warschauer Ursus- und FSO-Fabriken, die damals Autos produzierten. Um zu unterstreichen, dass die soziale Frage kein originäres Fachgebiet der Kommunisten sei, wie es heutzutage leider auch von kirchlichen Amtsträgern zum Teil geglaubt wird, brachte Popiełuszko stets aktuelle Päpstliche Dokumente aus der Kurie mit, vor allem die Enzyklika von Johannes Paul II. *Laborem exercens*, und schenkte sie den Arbeitern.[70] Darüber hinaus segnete Popiełuszko die Hochzeiten der Arbeiter und taufte ihre Kinder.

Zu dieser Zeit setzte Jerzy Popiełuszko aber auch die Seelsorge für Medizinstudenten und das medizinische Personal fort. Er reiste mit seinen Studenten in die Ferienlager und traf sie jeden Samstag im Pfarrhaus. Sie sprachen über die Heilige Schrift, Fragen der Ethik und die Geschichte Polens. Einmal im Monat leitete er ein Treffen für das medizinische Personal, das stets mit einer heiligen Messe verbunden war, damit diese Personen nicht vergaßen, dass ihr Dienst am Menschen nur dann wirklich Früchte tragen könne, wenn er auch die Perspektive des Dienens für Gott miteinschloss. Auch die jährlichen nationalen Gebetstage für das Gesundheitswesen in Jasna Góra organisierte Popiełuszko. Für Medizinstudenten und das medizinische Personal organisierte er in der Hl.-Stanislaus-Kostka-Kirche eine Bibliothek mit Fachbüchern, die er von Privatpersonen erhalten oder selbst gekauft hatte.

„Einige dachten, dass er von dem Wunsch angetrieben wurde, Popularität zu erlangen. Dies war ein schädlicher und unberechtigter Verdacht. Mir wurde schnell klar, dass er nichts für Applaus tat, sondern stets aus der Not seines Herzens heraus handelte", erinnert sich Pfarrer Marcin Wójtowicz.[71]„Menschen, die zu unserer Kirche kamen, fühlten sich dort frei, bekamen Hoffnung, ein Gefühl der Sicherheit. Jerzy brachte sie näher zu Gott. Meiner Meinung nach bestand das Charisma dieses Geistlichen darin, dass er einfache, alltägliche Dinge mit großem Engagement und Hingabe tat. Er tat nichts Außergewöhnliches, nichts Besonderes, aber alles, was er tat, wurde von der Not seines Herzens diktiert. Er war in die alltäglichen Probleme seines Nächsten involviert. (...) Er zog Menschen mit seiner Demut, Sanftmut und seiner warmen und gedämpften Stimme an. Er hat Vertrauen geweckt. Er war freundlich zu den Menschen. Er drückte Freundlichkeit aus. Ihm war der andere Mensch am wichtigsten."

Im Oktober 1981 flog Popiełuszko zum letzten Mal in die Vereinigten Staaten. Diesmal für das Begräbnis seiner Tante Amelia Kalinoski, der Schwester von Mary Kalinoski. Mary Kalinoski war ebenfalls an Krebs erkrankt und beide erkannten, dass es wohl ihr letztes Treffen sein würde, was sich auch bestätigte. Die Verwandten in den USA waren sich der zunehmend schwieriger werdenden Lage in Polen voll bewusst und forderten Popiełuszko auf, in den Vereinigten Staaten zu bleiben. Doch Jerzy Popiełuszko wollte unbedingt nach Polen zurück. Zurück zu den Menschen, die ihn brauchten.

Am 25. November 1981 schließlich begannen die Studenten der Feuerwehrhochschule zu streiken. Diesem Streik schlossen sich auch Mitarbeiter der Hochschule, die der NSZZ „Solidarność" gehörte, an. Jerzy Popiełuszko wurde als Kaplan dorthin geschickt. An diesem Tag musste er durch Polizeiketten und Panzerwagen waten, um zum Hochschule-Gebäude zu gelangen. Er feierte die heilige Messe und er nahm die Beichte ab. Marianna Popiełuszko kommentiert dieses Ereignis wie folgt: „Er war der glücklichste Mensch, wenn er im Beichtstuhl saß. Die Leute erzählten mir, dass sie viele Jahre nicht zur Beichte gegangen seien, doch dank ihm hätten sie gebeichtet. Gott hat ihm diese Gnade gegeben. (...) Er machte nichts anderes, als den Glauben aufzuzeigen."[72]

KAPITEL 6

KRIEGSRECHT

Es war Winter, es war kalt und es war ein Sonntag. Am 13.
Dezember 1981 führten die kommunistischen Behörden in
Polen das Kriegsrecht ein: Die Telefone funktionierten plötz-
lich nicht mehr, es gab Panzer auf den Straßen, Grenzüber-
gänge wurden geschlossen, alle Flüge wurden gestrichen, der
Verkauf von Benzin an Privatwagen verboten, an allen Ar-
beitsplätzen herrschte die Armee. Und im Fernsehen und
Radio wurde permanent die Ansprache von General Wojciech Jaruzelski ausgestrahlt, in welcher er dazu aufrief, sich
der Macht zu unterwerfen.

Damit nicht genug. Die Gewerkschaft „Solidarność" galt
nun als illegal. Man verhaftete innerhalb eines Tages 10 000
Gewerkschaftsaktivisten und brachte sie ins Gefängnis. Auch
Popiełuszko sollte festgenommen werden. Zwei Sicherheits-
dienstfunktionäre suchten früh am Morgen die Pfarrei auf.
Pfarrer Bogucki sagte, er sei nicht in der Kirche. Tatsächlich suchte Popiełuszko bereits Zuflucht bei einer Familie,
die er kannte. In der Pfarrei organisierten seine Freunde
einen Schutzdienst für ihn – man wollte ihn warnen und ab-
schirmen. Während der ersten Tage des Kriegsrechts traf
sich Popiełuszko heimlich mit Studenten in seinem Zimmer,

tauschte Informationen über die Internierten aus. Viele, die Angst vor der Festnahme hatten, suchten Schutz im Pfarrhaus, solange bis sie eine andere Unterkunft fanden.

Am 18. Dezember 1981 appellierte Papst Johannes Paul II. an General Jaruzelski: „Es ist nicht möglich, weiterhin polnisches Blut zu vergießen, dieses Blut kann nur die Gewissen belasten und die Hände der Landsleute beflecken. Ich wende mich an Ihr Gewissen, Herr General, an das Gewissen all jener Menschen, von denen in diesem Moment die Entscheidung abhängt." US-Präsident Ronald Reagan richtete ebenfalls einen Appell an die kommunistischen Machthaber in der sogenannten Volksrepublik: „In diesem Moment, da ich zu Euch spreche, steht das Schicksal einer stolzen Nation mit einer langen Geschichte auf dem Spiel. Seit tausend Jahren wird Weihnachten in Polen gefeiert, einem Land mit einem tiefem religiösen Glauben. Aber das diesjährige Weihnachtsfest bringt der tapferen polnischen Nation nur wenig Freude. Die Polen sind von ihrer eigenen Regierung betrogen worden. Die Menschen, die sie regieren, und ihre totalitären Verbündeten fürchten die Freiheit, welche die polnische Nation so sehr liebt. Als Reaktion auf die Forderung nach Freiheit reagierten diese mit Gewalt, Morden, Massenverhaftungen und der Schaffung von Internierungslagern."[73]

Popiełuszko hasste die Kommunisten nicht. Er betrachtete sie als Opfer eines kriminellen Systems, einer gefährlichen Ideologie. Am Heiligabend des Jahres 1981 ging er die ganze Nacht durch Warschau und verteilte – wie es in Polen Tradition ist – Oblaten an die diensthabenden Soldaten. Eine Geste der Nächstenliebe, die in Polen am Heiligabend in vielen Familien begangen wird. Am ersten Weihnachtstag bat Popiełuszko die Menschen während der heiligen Messe, den Soldaten in der Stadt warme Mahlzeiten zu bringen. Einige seiner Freunde wollten aber, dass er General Jaruzelski öffentlich verurteile. Popiełuszko lehnte dies ab. Er sagte, dass er gegen das Böse kämpfe und nicht gegen seine Opfer. „Er wollte das Böse mit dem Guten überwinden, er konnte es nicht anders machen. (...) Ich habe ihm beigebracht, nicht schlecht über andere zu reden und gut zu allen zu sein. Er wusste, dass es so sein soll – und Schluss", ist seine Mutter überzeugt.[74]

Jerzy Popiełuszko notierte damals in seinen *Aufzeichnungen*: „Gestern kam ein Mann, der seit 34 Jahren nicht gebeichtet hat, der sich dank der Messe für das Vaterland und meiner Anwesenheit wieder in einer Kirche befand. Wie viel kannst du, Gott, durch eine so unwürdige Kreatur wie mich, erreichen. Danke, Herr, dass du dich meiner bedienst."[75] In einem Interview unterstrich Popiełuszko: „Ich bin bei diesen Menschen geblieben. Ich war mit ihnen in der Zeit des Triumphs und ich blieb bei ihnen in einer schwarzen Dezembernacht."[76]

Und nicht nur das. Als manchen Stahlarbeitern im Gericht der Prozess gemacht wurde, war Popiełuszko anwesend. In Soutane gekleidet, saß er mit ihren Familien in der ersten Reihe. Karol Szadurski, der am 13. Dezember nachts verhaftet worden war, als eine Sondereinheit der Miliz (ZOMO) in die Warschauer Hütte eindrangen, ist voll des Lobes für Popiełuszko. Szadurski war mit Freunden ins Gefängnis nach Białołęka gebracht worden. Während des Prozesses, als er beschuldigt wurde, den Streik im Stahlwerk organisiert zu haben, half ihm die Anwesenheit von Popiełuszko, der ihm während der Gerichtsverhandlung in die Augen sah. Ein anderer Stahlarbeiter erinnert sich: „Er hat mir sehr geholfen, als meine Frau sofort nach ihrer Verhaftung in Białołęka ein Kind verlor und ich während des Prozesses davon erfuhr. Der einzige Mann, der es wagte, zu mir zu kommen und mit mir zu reden, war Jerzy. Er stand mir damals sehr nah, wie während des Prozesses, als er mir seinen Pullover und seine Medikamente gab."[77] Prof. Klemens Szaniawski von der Universität

Warschau erinnert sich daran, dass nur Popiełuszko und kein anderer Priester bei den Prozessen zu sehen war.

Während des Kriegsrechts kam viel Hilfe aus dem Westen nach Polen. Regelmäßig rückten Lastwagen mit Geschenken an, mit Kleidung und Arzneimitteln, Essen und medizinischer Ausrüstung. Sie waren in erster Linie für die Pfarreien bestimmt. Zur Hl.-Stanislaus-Kostka-Kirche wurde medizinische Ausrüstung gebracht, die später an Apotheken und Krankenhäuser verteilt wurde. Jerzy Popiełuszko wachte darüber. Er nahm jedoch nichts von den Geschenken für sich selbst an oder für seine Familie. Einmal bat ihn sein Bruder Józef um Schuhe für seine Kinder. Jerzy Popiełuszko antwortete ihm: „Wenn ich deine Situation mit der Lebenssituation anderer Menschen vergleiche, stelle ich fest, dass du wie Gott in Frankreich lebst. Es gibt viele Menschen, die bedürftiger sind als du."[78]

Jerzy Popiełuszko selbst lebte äußerst bescheiden. Anna Szaniawska vom Hilfskomitee des Primas sagte: „Im Komitee haben wir die Leute angezogen und gefüttert. Einmal kam er – wir gaben ihm Schuhe, einen Pullover, Hosen. Am nächsten Tag kam er wieder und sah aus wie ein Lump. Ich sagte ihm das und Jurek antwortete: Willst du mir etwas zum Anziehen geben, weißt du, wie viele Leute in Not sind? Ich habe es vor langer Zeit weggegeben."[79]

ERSTE KOMMUNION

MESSDIENER

ABITUR

MILITÄRDIENST

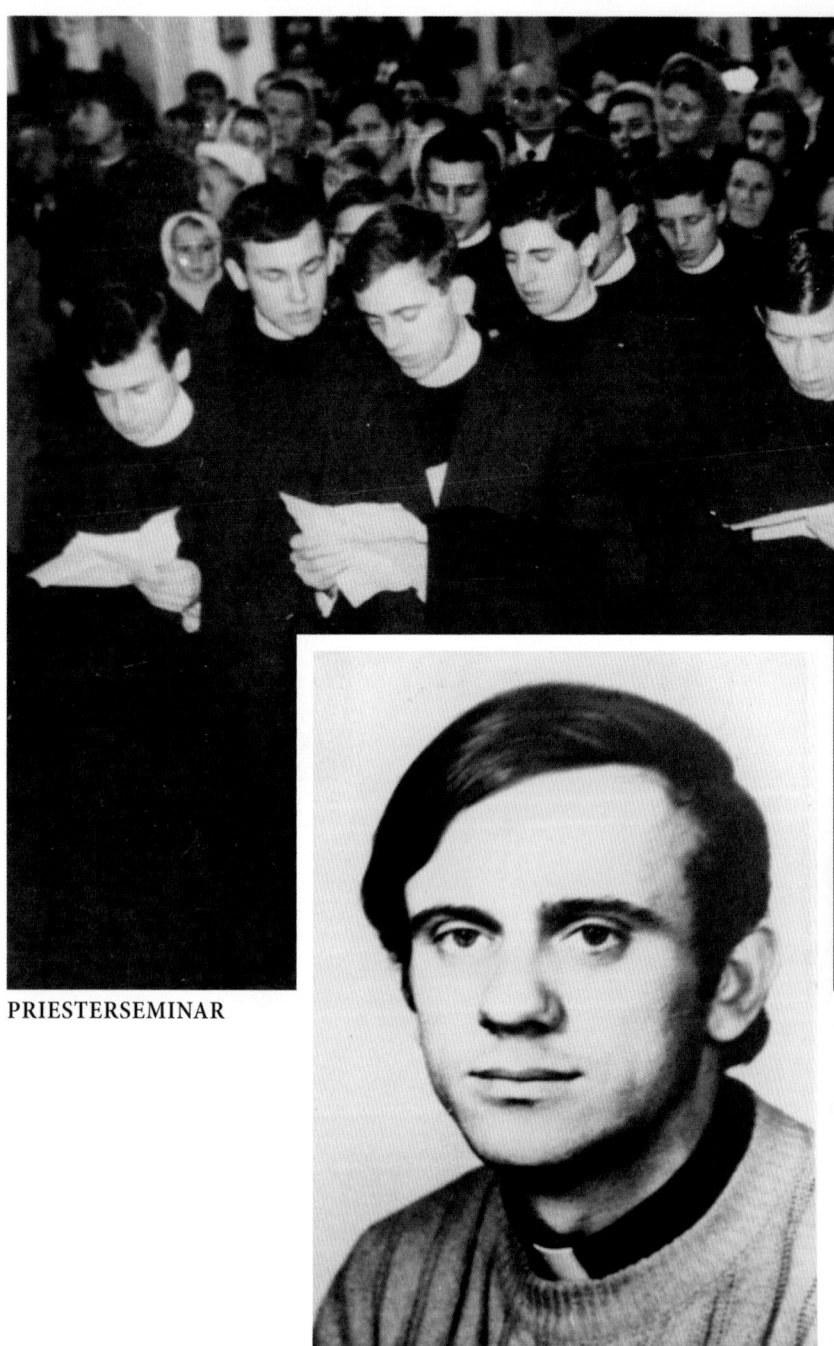

PRIESTERSEMINAR

ALS JUNGER PRIESTER

ALS PRIESTER MIT SEINEN ELTERN IM FAMILIENHAUS IN OKOPY

MESSE FÜR DAS VATERLAND

MESSE FÜR DAS VATERLAND

MESSE FÜR DAS VATERLAND

BEERDIGUNG

PAPST JOHANNES PAUL II. BESUCHT DAS GRAB VON JERZY POPIEŁUSZKO

HL.-STANISLAUS-KOSTKA-KIRCHE

GRAB

PFARRHAUS DER PFARREI DES HL. STANISLAUS KOSTKA

EINGANG ZUM MUSEUM VON JERZY POPIEŁUSZKO

DIE „MESSEN FÜR DAS VATERLAND"

Pfarrer Bogucki begann im Oktober 1980, mehr als ein Jahr vor der Einführung des Kriegsrechts, die sogenannten „Messen für das Vaterland" zu feiern. Nicht nur Gemeindemitglieder kamen zu dieser Eucharistiefeier, sondern Leute aus ganz Warschau. Diese Messen wurden an jedem letzten Sonntag des Monats gefeiert. Als Grund für die Einführung der „Messen für das Vaterland" nannte Pfarrer Bogucki die „Aufforderungen der Bischöfe, für die Heimat zu beten, sowie das Beispiel der tiefen Liebe zu ihr vonseiten des Heiligen Vaters, Johannes Paul II., der so oft die Heimat erwähnt und für sie betet, sowie sein reich gesegneter Besuch in der Heimat im Juni 1979, der eine allgemeine Intensivierung der Verbundenheit mit der Heimat erzeugte."[80] Bogucki wusste natürlich, dass diese patriotische Einstellung für die Kommunisten, welche schon damals aus ideologischen Intentionen an der Abschaffung von Nationen arbeiteten, wie eine subtile Provokation wirken musste.

Die Leitung dieser Messen übergab Pfarrer Bogucki an Jerzy Popiełuszko. Die erste „Messe für das Vaterland" von

Popiełuszko wurde am 17. Januar 1982, also unmittelbar nach Einführung des Kriegsrechts, gefeiert. „Der Pfarrer behandelte Jerzy wie seinen Sohn, sodass Rivalität oder Ehrgeiz keine Option war. Als er sah, dass Popiełuszko einen besseren Draht zu den Menschen hatte, übergab er ihm gerne diese Messen, sodass er sie fortführen konnte", erinnert sich der Geistliche Jan Sikorski.[81] Dank Popiełuszko gewannen die „Messen für das Vaterland" einen besonderen Charakter. Sie wurden ein christliches Widerstands-Happening, das etwa zwei Stunden dauerte; ungefähr 40 Minuten davon war für künstlerische Aktionen von und mit berühmten polnischen Schauspielern und Sängern eingeplant. Am Ende sangen alle das Lied „Gott, der du Polen ..."

Schwester Zofia Janczak, Sakristanin in der Hl.-Stanislaus-Kostka-Kirche, sagt, dass am Ende jeder „Messe für das Vaterland" Popiełuszko allen für ihr Kommen dankte und ein Abschlussgebet sprach: „Jerzy Popiełuszko war nach der Ankunft in der Sakristei sehr müde und verschwitzt. Er kniete sich zu einem Dankgebet nieder, dann ging er, umringt von Kirchendienstmitarbeitern und der drängenden Menschenmenge, über den Kirchplatz zu seiner Wohnung."[82] Popiełuszko bereitete diese Messen selbst vor. Er verfasste Texte und Predigten, die er mit Pfarrer Bogucki abstimmte. „Seine berühmten Predigten waren das Ergebnis einer großen Arbeitsanstrengung. Er fuhr zum Beispiel nach Tschenstochau, weil er sich dort besser konzentrieren konnte", erinnert sich eine Zeitzeugin.[83] „Jede Predigt von ihm wurde praktisch durchgebetet, sehr sorgfältig bedacht. Es gab darin keine Zufälligkeiten", sagt Zdzisław Król, der damalige Vikar in der Warschauer Kurie.[84]

Und was sagte seine Mutter dazu? „Ich persönlich war nur einmal auf einer Messe für das Vaterland. Viele Leute haben daran teilgenommen. Die ganze Kirche war voll gläubiger Menschen und Tausende von Menschen standen vor der Kirche. Ich kam mit meinem Sohn Józef gegen Jerzys Willen nach Warschau. Er sagte zu meinem Sohn Józef, er solle die Mutter nicht nach Warschau bringen, weil es eine gefährliche Zeit sei. Die Strafverfolgungsbehörden benutzten zu dieser Zeit Wasserwerfer, um die Versammlungen zu zerstreuen. Als er mich in Warschau sah, war er etwas besorgt, aber nach der Zeremonie war er erleichtert, dass nichts Schlimmes passiert war", erinnert sich Marianna Popiełuszko.[85] Zu den Messen für das Vaterland „kamen immer mehr Menschen, um seine Worte und Ermutigungen zu hören. Menschen, die Jerzy Popiełuszko brauchten. Sie kamen gern zu ihm, weil er für sie ein wichtiger Seelsorger und Freund war", erinnerte sich Marcin Wójtowicz, ein Geistlicher aus derselben Pfarrei.[86]

In einem Interview mit einem britischen Journalisten antwortete Jerzy Popiełuszko, als er gefragt wurde, warum so viele Menschen zur „Messe für das Vaterland" kämen: „Ich denke, das geschieht aus der Konfrontation mit den Problemen heraus, aus dem Einfühlen in die alltäglichen Probleme der Menschen. Ich sage das, was die Menschen denken, was sie mir oft sehr persönlich sagen, aber sie haben nicht den Mut, sie haben keine Möglichkeiten, dies laut zu sagen. Ich sage es, wenn ich denke, dass es wahr ist, dass es den Leuten bekannt sein sollte, dass wir dafür beten müssen. Dieses Aussprechen in der Kirche sorgt dafür, dass die Leute mir vertrauen, weil ich sage, was sie fühlen und denken."[87]

Jerzy Popiełuszko erklärte in diesem Interview auch, warum er die Messen feierte: „Es ist für mich als Priester sehr wichtig, sich nicht in die Politik hineinziehen zu lassen, denn das ist nicht meine Mission. Dass ich nicht politisch involviert bin, bezeugen Fakten, konkrete Fakten, viele solcher Fakten der Bekehrung. Die Menschen haben nach vielen Jahren, oft nach 40 oder 50 Jahren, den Mut, zu mir zu kommen, um sich mit Gott durch die Beichte versöhnen zu lassen und wieder die

Kommunion zu erhalten. Dies ist eine große Erfahrung für mich als Priester und auch für diese Leute. Sie wagten nicht, zu jemand anderem zu gehen. Natürlich ist dies nicht die einzige Form. Sehr oft beginnt der Prozess der Bekehrung, der Prozess der Rückkehr zu Gott, zur Kirche, des Entdeckens von Gott im Allgemeinen mit einer richtigen patriotischen Einstellung. Gott kann verschiedene Wege zur Bekehrung wählen."[88] Sollten uns diese Worte, da viele der Kirche fernstehende Menschen sich eine entschiedenere Verteidigung der westlichen Werte und Kultur wünschen, nicht zu denken geben? Kann und will die Kirche diese Menschen heute auch noch erreichen?

Am 28. Februar 1982 feierte Jerzy Popiełuszko zum ersten Mal eine „Messe für das Vaterland". Im März war er im Krankenhaus, deshalb wurde sie von Pfarrer Bogucki zelebriert. Am 25. April feierte Popiełuszko die „Messe für das Vaterland" am Jahrestag der Einweihung der „Solidarność"-Fahne. In seiner Predigt sagte er: „Wir erscheinen vor dir, o Herr, am ersten Jahrestag der Einweihung der Solidaritätsfahne der Hütte Warschau. Der Fahne, wo sich neben der Aufschrift ‚Solidarność' das Abbild deines Dieners befindet, des heiligen Florian, welcher vornehmlich die Hüttenarbeiter und Feuerwehrmänner in Obhut hat. Diese Fahne war der Stolz Tausender schwer arbeitender Hüttenarbeiter. Heute muss sie verborgen bleiben vor denen, die das Wort Solidarność fürchten. (…) Wir bitten dich, o Herr, für die, die das menschliche Gewissen brechen. Das Gewissen ist – so wie der Heilige Vater sagte – das größte Heiligtum, und das Brechen des Gewissens schlimmer als das Töten. (…) Wir bitten dich, o Herr, für die Mitarbeiter der Gerichtsbarkeit, welche nicht den Mut haben, der Lüge entgegenzutreten und Falsches für Recht ansehen."[89]

KAPITEL 8

DAS SYSTEM SCHLÄGT ZURÜCK

Im April 1982 bemerkten Funktionäre des Sicherheitsdienstes, als sie die Registrierungskarte von Jerzy Popiełuszko überprüften, dass er weiterhin der Kategorie „aktives Interesse" zugeordnet war.[90] Der Sicherheitsdienst machte sich also daran, ihn zu kontrollieren. In seiner Wohnung im Pfarrhaus wurde mithilfe eines Priesters, der ein Agent war, eine Abhöranlage installiert. Während dieser Zeit intensivierten sich auch die Miliz-Interventionen während der Prozessionen und Messen.

Popiełuszko ließ sich davon nicht einschüchtern. Im Marienmonat Mai, während der „Messe für das Vaterland", wandte er sich ausdrücklich an die Jungfrau Maria: „Mutter Gottes, Jungfrau Maria! Erhöre uns! (…) Der König Jan Kazimierz ernannte dich zur Königin unseres Landes. Also bist du unsere Mutter und unsere Königin. Und deswegen, als unsere liebe Mutter, musst du leiden, wenn du Deine Kinder siehst, die ihren Kreuzweg durchmachen. Erneut mussten deine Kinder in dem dir gewidmeten Monat Mai besonders leiden. In diesem Monat offenbaren diejenigen ihre Hassgefühle, die nicht begreifen, was sie tun, die Unrecht und Unsittlichkeit verbreiten. Am 3. Mai, am Tag deines Festes, der Königin Polens, kam dieser Hass besonders zur Geltung. An diesem Tag haben unsere Schwestern und Brüder Tränen vergossen, unschuldig Schläge empfangen. (…) Mutter deines gefangenen Dieners Lech [Wałęsa], bitte für uns. (…) Königin des leidenden Polens … Königin des kämpfenden Polens … Königin des unabhängigen Polens … Königin des immer treuen Polens …"[91]

Am 27. Juni 1982 bezog sich Popiełuszko in seiner Predigt während der „Messe für das Vaterland" auf die Kinder von internierten Arbeitern: „Wir möchten Kinder aus den Familien in unseren Herzen erfassen, die der Kriegszustand am meisten getroffen hat. (…) Wiederherstellung der Arbeitsplätze für die, die sie verloren haben, das Verlangen nach der sorglosen Kindheit unserer Kinder bleibt jedoch zugleich das große Rufen nach Freiheit in diesem Land. Nach Freiheit, die in der Gerechtigkeit, Güte und Liebe ihre Stütze hat." Popiełuszko lehrte, die Not mit den Augen Jesu zu sehen: „Liebes Kind, ich kenne deinen Schmerz, weil ich mit dir gelitten habe, als in der Nacht die bösen Menschen, bewaffnet mit Paragrafen und Vorschriften des Kriegszustands, kamen und dir deinen Vater nahmen. Ich weiß, dass keiner dir die Tage ohne ihn zurückgibt und ihm die Tage ohne dich. Aber eines Tages wirst du erfahren, dass man ihn deswegen mitgenommen hat, weil er die Gerechtigkeit wollte. Und wirst stolz auf ihn sein."[92]

Während der Julimesse für das Vaterland hielt Popiełuszko keine Predigt, weil Bischof Kraszewski ihn gewarnt hatte, dass er verhaftet werden könnte. Im August 1982 zitierte Popiełuszko jedoch in der Predigt ausführlich die Worte von Johannes Paul II.: „„Nichts und niemand kann ein Volk von der Notwendigkeit der selbstständigen Gestaltung der eigenen Souveränität entbinden. Die einzige Aufgabe, die eine Regierung erfüllen soll und kann, ist, dem Volk zu dienen und es ohne Zwang im Namen der Wahrheit und Gerechtigkeit zu führen. Man darf keine Regierung unter anderen Voraussetzungen tolerieren. Einer Regierung, die ihre Position eines treuen und ergebenen Dieners verlässt, verweigert das Volk einen treuen und spontanen Gehorsam.' (…) Der Heilige Vater Johannes Paul II. stellt in seiner Botschaft zum Friedenstag, die auch in unserer Presse veröffentlicht war, fest: Herrschaft heißt Dienst. Herrschen bedeutet dienen. Die primäre Liebe des Herrschers, das ist die Liebe für die, über welche er herrscht. (…) Unser Volk hat Angst vor dem kommenden Tag, unser Land ist zu einem organisierten Gefängnis geworden.''[93]

Nach dieser Messe sandte der Direktor des Büros für Religiöse Angelegenheiten, Adam Łopatka, einen Brief an den Sekretär des polnischen Episkopats, Erzbischof Bronisław Dąbrowski, in dem er schrieb, dass „der Gottesdienst um 19 Uhr einen eindeutig politischen Charakter hatte"[94]. Seitdem wurden Popiełuszkos Predigten vom Sicherheitsdienst aufgenommen. Außerdem verweigerte man ihm für zwei Jahre, einen Reisepass zu erhalten.

In seiner Predigt vom 26. September 1982 sprach Jerzy Popiełuszko über das Kreuz: „Wir dürfen unser Leid und unser Kreuz immer mit Christus verbinden, weil der Prozess über ihn immer noch stattfindet. Der Prozess über ihn findet in seinen Brüdern statt. Der gekreuzigte Christus leidet weiter auch in unserer Heimat. Die Darsteller der Tragödie und des Prozesses Christi leben weiter. (…) Was für eine Ähnlichkeit auch heute zwischen dem am Kreuz blutenden Christus und unserer leidenden Heimat besteht! (…) Wie der gekreuzigte Christus, so blutet jetzt unsere Heimat. Ihre Söhne werden um die Ehre und Würde gebracht, erniedrigt und in vielen Fällen misshandelt. Christus wird am Kreuz von seinen Landsleuten in seinem Land getötet. (…) Der verstorbene Primas Kardinal Wyszynski sagte dazu Folgendes: ‚Der Anfang einer gesellschaftlichen Ordnung und die Bedingung des

Weltfriedens, des Friedens des Gewissens, der Familie und der Nationen ist die Achtung der Grundrechte des menschlichen Wesens.' Dort, wo die menschlichen Rechte Wahrheit, Freiheit und Gerechtigkeit nicht beachtet werden, gibt es keinen Frieden und kann es niemals Frieden geben. In unserem Land achtet man diese Rechte nicht, da Tausende Menschen in Gefängnissen und Lagern festgehalten werden. Die Medien übermitteln uns Lügen oder Halbwahrheiten, es fehlt an Gerechtigkeit. (…) Die geplante Atheisierung, die Bekämpfung Gottes und des Göttlichen, ist zugleich ein Kampf gegen die Größe und Würde des Menschen. (…) Die Wahrheit beinhaltet die Eigenschaft des Fortbestehens und sie kommt immer ans Licht, auch wenn man sie fleißig und planmäßig zu vertuschen versucht. (…) Die Polen gewinnt man mit dem Herzen und nicht mit der Drohung. (…) Wie bitten um die innere Freude, weil sie die stärkste Waffe gegen den traurigen Teufel ist. Wir bitten um die Befreiung von Hass und Rache. Wir bitten um die Freiheit, die die Frucht der Liebe ist."[95]

Während der Messe für das Vaterland am 31. Oktober 1982 wandte sich Popiełuszko an den hl. Maximilian Kolbe, seinen Lieblingsheiligen: „Wir stehen heute am Altar vor deinem Bildnis, heiliger Maximilian, du Schutzheiliger des gequälten Polens. Wir stehen hier vor Gottes Thron, um zu beten, um die Hilfe deiner Vermittlung zu Gott, um in unserem Namen und im Namen derjenigen, die in Gefängnissen und Lagern leiden, leiden für den Kampf und die Gerechtigkeit in der Heimat, einen Dialog zu führen. (…) Du, heiliger Maximilian, warst der Lehre Christi immer treu. (…) Du hattest weder Angst zu leiden noch dein Leben zu verlieren. Dank dessen lebt dein freier Geist und bringt Früchte. (…) Du bist uns unentbehrlich, heiliger Maximilian. Als Beispiel eines Menschen, der der Angst und der Drohung nicht unterliegt, als Heiliger, den man Patron des geplagten Polens nennen darf. Denn wer von den

Heiligen konnte mehr für sein Volk erreichen als du, der selber geschlagen und misshandelt wurde. (…) Das Volk hat es nicht verdient, dass man ihm gegen seinen Willen die mit Leiden und Blut der Arbeiter erkämpfte unabhängige, selbst verwaltete Gewerkschaft Solidarność wegnimmt (…)."[96]

Mitte November fuhr Popiełuszko nach Okopy, um seine Eltern zu besuchen. Seine Reisen nach Hause waren zu dieser Zeit schon selten geworden. In seinen *Aufzeichnungen* schreibt er: „Ich fahre zu meinen Eltern, ich war schon lange nicht mehr dort, und doch ist es nicht bekannt, wie mein Schicksal weitergehen wird." Drei Tage später schrieb er: „Sie waren sehr glücklich. Sie waren sehr besorgt um mich. Als ich Fotos von meinem Vater machte, kamen ihm, dem alten Mann, die Tränen. Ich habe so wenig Zeit für meine Eltern. Und ich werde sie nicht mehr lange haben. Mein Vater ist 72 Jahre alt."[97] Unmittelbar nach diesem Besuch wurden die beiden Brüder von Jerzy Popiełuszko zur Milizdienststelle in Suchowola gerufen. Man wollte mehr wissen.

Im November drohte der Sicherheitsdienst Jerzy Popiełuszko erneut mit der Verhaftung, sodass die Predigt während der „Messe für das Vaterland" von Pfarrer Bogucki gehalten wurde. Die Warschauer Kurie erhielt wiederum einen Brief, in dem der Direktor der Religionsabteilung der Stadt Warschau schrieb, dass die „Messen für das Vaterland" „sich in politische Manifestationen verwandeln, die eine Gefahr für die Ordnung und Sicherheit der Hauptstadt darstellen"[98]. In der Umgebung von Popiełuszko tauchten immer mehr Agenten auf. Auch bei den Messen waren sie anwesend.

Popiełuszko entschied sich dazu, von nun an nur noch zusammen mit Waldemar Chrostowski, einem ehemaligen Feuerwehrmann, der ein Mitglied der freiwilligen Priesterschutzgruppe der Pfarrei geworden war, mit dem Auto zu fahren. Das war keine Paranoia, sondern Realismus. Der staatliche

Sicherheitsdienst verfolgte Popiełuszkos Wagen unaufhör-
lich. Er arrangierte Provokationen. Auch unter den engsten
Freunden des Geistlichen. Angestellte des staatlichen Sicherheitsdienstes durchstießen in Pervertierung ihres eigentlichen
Sicherheitsauftrags die Autoreifen in seinem Freundeskreis,
manchmal sogar die Bremsschläuche oder sie schraubten die
Vorderradaufhängung ab.

Diese Atmosphäre der zunehmenden Bedrohung war auch
beim Weihnachtsfest des Jahres 1982 zu spüren und bei der
„Messe für das Vaterland", die am 26. Dezember stattfand.
Popiełuszko verurteilte in der Predigt, die er an diesem Tag
hielt, die Gewalt des kommunistischen Staates: „Als Papst Johannes Paul ‚Heimat' sagte, so war in diesen Worten kein bil-
liges Pathos, dafür aber ein schwieriges Erbe der polnischen
Vergangenheit. (...) Jeder Mensch hat das Recht auf seine Heimat. Niemand darf verurteilt werden zu emigrieren. (...) Eine
Regierung darf ihre Stärke mit keiner Gewalt demonstrieren.
Man hätte Lust zu sagen: Kämpfe nicht mit Gewalt. Die Gewalt ist nicht ein Zeichen der Stärke, sondern der Schwäche.
Wenn es nicht gelingt, mit dem Herzen oder dem Verstand zu
gewinnen, wird es mit der Gewalt versucht. Jedes Anzeichen
der Gewalt zeugt von einer moralischen Unfähigkeit. (...)
Unsere Mutter von Jasna Gora, du weißt am besten, wie sehr
sich Millionen polnischer Herzen Wahrheit, Gerechtigkeit,
Freiheit und Liebe wünschen. Nimm an den Ruf der Herzen
und gib ihnen die Kraft des Guten, damit sie den Sieg in dem
Lande erringen, das dich seit Jahrhunderten als seine Mutter
und Königin ansieht."[99]

*

Aufmerksamen Zuhörern konnte es nicht entgehen: Jerzy
Popiełuszko stützte sich in seinen Predigten vorwiegend auf
Johannes Paul II. und Stefan Kardinal Wyszyński. Polnische

Autoritäten, die ihm wegen ihrer Klarheit und Klugheit imponierten. Ihre Aussagen und Reflexionen, etwa über die Freiheit, brachte Popiełuszko in schlichten Worten den Arbeitern und Künstlern näher. „Im letzten Jahr seines Lebens sagte der verstorbene Primas Kardinal Wyszyński: ‚Die Arbeiterwelt erlebte in dem letzten Jahrzehnt viele Enttäuschungen und Einschränkungen. Das arbeitende Volk, die ganze Gesellschaft erlebte in Polen eine ständige Verletzung der menschlichen Grundrechte. (…) Die Freiheit ist eine Realität, die Gott dem Menschen schenkte, indem er ihn zu seinem Ebenbild schuf. Ein Volk mit einer tausendjährigen christlichen Tradition wird immer nach der vollen Freiheit streben. Man kann den Drang nach Freiheit nicht mit Gewalt besiegen, denn die Gewalt ist die Kraft derjenigen, die die Wahrheit nicht kennen. Man kann den Menschen mit Gewalt gefügig machen, aber man kann ihn nicht knechten. Ein Gott und sein Land liebender Pole richtet sich nach jeder Demütigung auf, denn er hat nur vor Gott zu knien gelernt.‘"[100]

Das galt auch für Popiełuszko selbst, denn in der Zwischenzeit organisierte der Sicherheitsdienst weiterhin viele Provokationen gegen ihn, sodass er unter verschiedenen Vorwänden wiederholt auf die Miliz-Dienststelle gerufen wurde. Das Büro für Religiöse Angelegenheiten sandte auch weiterhin Briefe an die Kurie in Warschau, damit der Bischof endlich das Problem der von Jerzy Popiełuszko gefeierten „Messen für das Vaterland" in Ordnung bringe. Einer dieser Briefe, die an Bischof Kazimierz Romaniuk gerichtet waren, enthielt die Warnung, dass „in den Beziehungen zwischen den Behörden und der Warschauer Kirche die Pfarrei in Żoliborz ein Dorn" sei.[101]

Trotzdem fand am 27. Februar 1983 eine weitere Messe für das Vaterland statt, in der Popiełuszko in gewohnt mutiger Manier über die Gefangenen sprach: „Christus ist auf eine besondere Art mit denen zusammen, die hinter den Gittern des Gefängnisses an der Rakowiecka Straße an ihre Schwestern oder Mütter folgende Worte schreiben: ‚Mach dir meinetwegen keine Sorgen. Du musst wissen, dass ich alles, was notwendig wird, ertragen kann. Ich bitte dich, bewahre deinen Glauben an Gottes Obhut und handle immer wie ein aufrichtiger Mensch und eine Polin. Beweise Mut und Geistesstärke, bete für mich und unsere Idee zur Mutter Gottes von Tschenstochau.‘“[102] Nach dieser Messe notierte Popiełuszko in seinen *Aufzeichnungen*: „Nach der Messe dankte mir Prälat Bogucki zum ersten Mal für die Predigt. ‚Sie haben das sehr gut gesagt, stark, aber das ist die Wahrheit.‘ Es war die größte Belohnung für die Mühe, die ich in die Vorbereitung der Messe eingesetzt habe.“[103]

Die Kommunisten versuchten nun noch entschiedener, die von Popiełuszko gefeierten Messen zu stören. Vor der Eucharistie kamen mehrere Lastwagen zur Kirche, die Provokateure brachten. Ihre Aufgabe war es, mit Demonstrationen und Unruhen zu beginnen, Störungen zu erzeugen. Popiełuszko notierte in seinen *Aufzeichnungen*, dass er die Leute aufforderte, sich nicht provozieren zu lassen: „Die Menschen haben sich würdig verhalten. Sie gingen ernst auseinander. Gegen 22 Uhr, nach der erfolglosen Aktion, verließen merkwürdige Menschen Żoliborz.“[104]

Während der „Messe für das Vaterland“ vom 27. März 1983 sprach Popiełuszko über die Versöhnung: „Man hat vergessen oder man wollte nicht begreifen, dass man die Liebe und die Wahrheit zwar kreuzigen kann, nicht aber töten. Wahrheit und Liebe haben am Kreuz das Böse, den Tod und den Hass besiegt. Wir sind die Jünger Jesu und deshalb verstehen wir, dass die Abwesenheit der Wahrheit und der Sieg des Hasses in unserer Heimat das gemeinsame Bauen des Vaterlandes behindert. (…) Es erschwert die Versöhnung die Menschenjagd auf die nach dem patriotischen Gottesdienst nach Hause zurückkehrenden Leute. Es erschwert die Versöhnung eine

Demonstration der Macht auf den Straßen, in der Nähe der in den Kirchen Betenden, wie es vor einem Monat in unserem Stadtteil geschah. (…) Die Versöhnung muss ein gemeinsames Ziel verfolgen, das Wohl des Vaterlandes und die Achtung der menschlichen Würde."[105]

Der Geistliche Marcin Wójtowicz erinnert sich, dass Jerzy Popiełuszko in den Jahren 1983 und 1984 „unaufhörlichen Belästigungen ausgesetzt [war]: Wiederholte Verhöre in der Staatsanwaltschaft, Straßenverfolgung, anonyme Zettel mit Drohungen wie ‚Du wirst am Kreuz hängen', nächtliche anonyme Telefonanrufe, mitten in der Nacht in den Raum geworfene Backsteine, Durchsuchungen der Wohnung in der Chłodna-Straße"[106].

Popiełuszko ließ sich von alldem nicht beirren. Er arbeitete weiter für eine gerechtere Gesellschaft und er sprach auch, etwa in der Predigt während der „Messe für das Vaterland" am 24. April 1983, über den Wert Arbeit – und zwar in einer Weise, die für kommunistische Ohren wahr und bedrohlich zugleich klingen musste: „Die Arbeit ist der unentbehrliche Begleiter des Menschen. Sie soll dem Menschen dienen, sie soll ihn veredeln. Deshalb darf der Mensch kein Arbeitssklave sein und er darf nicht nur als ökonomischer Wert betrachtet werden. (…) Eine ehrliche Arbeit soll ehrlich und gerecht bezahlt werden. (…) Anstrengung und Arbeit verlangen eine innere Ruhe, gesunde moralische Prinzipien, sogar einen religiösen Antrieb und eine religiöse Motivation, um dem Menschen gut zu dienen. Eine Wirtschaftsökonomie benötigt eine Unterstützung der moralischen Kräfte."[107]

*

Im Mai 1983 kam es in Warschau zu einem Ereignis, das viele, viele Menschen schockierte und provozierte: Die Miliz-Mitarbeiter ermordeten einen 19-jährigen Abiturienten, Grzegorz Przemyk, den Sohn einer oppositionellen Dichterin. Er wurde auf dem Schlossplatz eingesperrt, weil er barfuß durch die Stadt gelaufen war. Auf der Miliz-Dienststelle wurde er zu Tode geprügelt. In diesem Fall wurde die Strafverfolgung so durchgeführt, dass die Täter nicht bestraft wurden. Die Beerdigung des unschuldigen Jungen fand in der Hl.-Stanislaus-Kostka-Kirche statt, um die sich rund zehntausend Menschen versammelten. Danach begleiteten all diese Menschen – unter ihnen Popiełuszko, der sich mitfühlend um die Mutter des Jungen kümmerte – den Sarg zum Powązki Friedhof. Es war eine Form der stillen Trauer, des stillen Protests.

Auf den Tod von Grzegorz Przemyk ging Popiełuszko auch in der Predigt während der Mai-Messe für das Vaterland ein. Dabei betonte er sehr deutlich, die dämonische Dimension des bösen Wirkens der Staatsmacht eine nicht zu unterschätzende Rolle spiele: „Es hat ihm [dem Teufel] nicht ausgereicht, dass viele unserer Brüder und Schwestern für 48 Stunden in den Gefängnissen eingesperrt waren, damit sie mit ihrem gradlinigen Denken die Stimmung des von der Regierung organisierten Arbeiterfestes nicht stören konnten. Es hat ihm nicht ausgereicht, dass man auf dem Platz Zamkowy die Wasserkanonen und die verhassten motorisierten Einheiten aufstellte. Am Abend des 3. Mai, am Festtag der Königin von Polen, wagte er mit Hilfe einer Verbrecherbande das Kloster der Franziskanerschwestern zu attackieren. Es gab Verletzte unter den Menschen, die ihre Zeit und ihre Kräfte für die am meisten Benachteiligten des Kriegszustands, für die Gefangenen opferten. Das alles war dem Teufel zu wenig. Er ging weiter bis zu diesem Verbrechen, das die ganze Stadt erschütterte. Er hat ein junges, unschuldiges Leben auf grausame Art ausgelöscht. Er nahm einer Mutter ihren einzigen Sohn. Es hat ihm nicht ausgereicht, dass sie am 3. Mai während des Überfalls auf das Kloster verletzt wurde. In der Hauptstadt herrschte ein solidarisches Schweigen, das Tausende Herzen im Schmerz und im Gebet vereinigte. Es ergoss sich deine Flut von Tränen, die aufs Neue den Boden der Solidarnosc bewässerte."[108]

*

Vom 16. bis 23. Juni 1983 fand die zweite apostolische Reise von Johannes Paul II. nach Polen statt. Das Kriegsrecht war immer noch in Kraft. Das Motto der Papstwallfahrt lautete: „Friede dir, Polen, du meine Heimat". Auch diesmal war Popiełuszko für den medizinischen Dienst zuständig. Die kommunistischen Behörden erlaubten es ihm jedoch nicht, sich persönlich mit Johannes Paul II. zu treffen, da sie ihm die Erlaubnis verweigerten, während des Besuchs des Papstes einen Pass in der Kurie auszustellen. Popiełuszko gelang es jedoch, dem Papst eine Botschaft durch den Stahlarbeiter Jan Marczak zu übermitteln, der zum Frühstück mit Johannes Paul II. in die Residenz des Primas eingeladen wurde. Danach sagte er: „Ich dachte, ich würde kein Wort herausbringen, wenn ich vor dem Stellvertreter Christi stehe, doch ich habe ihm das, um was du, Priester Jerzy, mich gebeten hattest, fließend übermittelt. Dank der Inspiration des Heiligen Geistes konnte ich es dem Heiligen Vater offen sagen, vor den Kardinälen und Bischöfen."[109] Der Papst antwortete, dass er für „Solidarność" und für die vom Priester empfohlenen Menschen beten würde.

Am 26. Juni 1983 rekapitulierte Popiełuszko den Besuch von Johannes Paul II. in Polen: „In der schwarzen Nacht, die über unsere Heimat herrscht, leuchtete ein Licht der Gottesgnade in der Person des Heiligen Vaters Johannes Paul II. auf, der unsere Heimat als Friedensbote besuchte. Ein Licht leuchtete über der ermattenden Hoffnung auf, über dem menschlichen Leid, den tragischen und schmerzlichen Erlebnissen der vergangenen anderthalb Jahre, der Demütigung der menschlichen Würde, der Unruhe der Eltern um das Schicksal und die Zukunft der Kinder und über allem, was schwierig ist. (…) Gott sei Dank, dass er auch uns, die in der Kirche von Zoliborz Versammelten, in unserer Überzeugung festigte, das dieses Gebet für das Vaterland und für diejenigen, die für das Vaterland leiden, ein richtiger Weg gewesen war. Wir haben den richtigen Weg gewählt, indem wir jeden Monat um Frieden, Freiheit, Liebe und Gerechtigkeit, um Wahrheit, Hoffnung, Freiheit für die Gefangenen, Würde der menschlichen Arbeit, Pflege der Errungenschaften vom August 1980, den notwendigen Dialog und gesellschaftliches Übereinkommen gebetet haben. (…) Der arbeitende Mensch hat viele Rechte. Die wichtigsten sind das Recht auf gerechte Bezahlung, das bedeutet eine Bezahlung, die für den Familienunterhalt ausreicht; das Recht auf Bildung der verschiedenen Berufsgewerkschaften. Dieses Recht, sagte der Heilige Vater, indem er den verstorbenen Primas zitierte, kann nicht verloren werden, weil es angeboren ist."[110]

Im August 1983 fuhr Popiełuszko zusammen mit seinem Fahrer Chrostowski nach Danzig, zur Brigittenkirche, wo er sich mit Pfarrer Henryk Jankowski traf. Während der 80er-Jahre war die Brigittenkirche der Treffpunkt und das Aktionszentrum von „Solidarność". Pfarrer Jankowski war der Beichtvater von Lech Wałęsa und einer der ersten Priester, der die Streikenden und „Solidarność" offen unterstützte. Nach der heiligen Messe in der Brigittenkirche, am 13. August 1983, traf Popiełuszko den Arbeiterführer Lech Wałęsa in dessen Danziger Wohnung. Popiełuszko wollte ihn nach Warschau einladen. Wałęsa, der im gleichen Jahr den Friedensnobelpreis verliehen bekam und über dessen Zusammenarbeit mit dem Geheimdienst bis heute kontrovers in Polen diskutiert wird, weigerte sich jedoch energisch, zur „Messe für das Vaterland" nach Warschau zu kommen. „Ich brauche nicht dorthin zu gehen, wo alles gut läuft", verteidigte sich der exzentrische Elektriker und spätere Staatspräsident, der bis heute zu den bekanntesten Polen auf der Welt zählt.[111] Was Popiełuszko und seinem Fahrer Chrostowski in Danzig noch auffiel, war der Umstand, dass sie ständig von den Sicherheitsdienstwagen verfolgt wurden. Einschüchtern ließ sich Popiełuszko davon aber nicht.

Die „Messe für das Vaterland" vom 28. August 1983 fand drei Tage vor dem dritten Jahrestag der Vereinbarungen von Danzig, aus der „Solidarność" entstanden war, statt. Popiełuszko ging dabei ungewöhnlich scharf auf die aktuellen politischen Maßnahmen ein und zitierte als mahnende Autorität erneut Johannes Paul II.: „Die letzten Bestimmungen des Sejm sind bestimmt nicht für das Wohl der Bevölkerung und im Interesse der Gesellschaft festlegt worden. Sie drehen den Bereich der bürgerlichen Freiheit nicht nur vor das Jahr 1981, sondern sogar vor das Jahr 1956 zurück. Sie greifen Gedankenfreiheit und Selbstbestimmungsrecht der Hochschulen, das unabhängige Denken der akademischen Jugend an. (…) Gerechtigkeit bedeutet Pluralismus der Gewerkschaften und der schöpferischen Kreise ohne absolutistische Schutzherrschaft. Sie bedeutet ebenfalls die Gründung bestimmter Voraussetzungen für die Jugendlichen, nach denen sie ihre Persönlichkeit frei entfalten können, aufgezwungene Prinzipien ablehnen dürfen und das gesellschaftliche Leben in Jugendorganisationen, die ihre Weltanschauung entsprechen, lernen. (…) Wir beenden unsere heutigen Überlegungen mit den Worten des Heiligen Vaters, die er noch als Bischof von Krakau aussprach und die ich einmal im Oktober des vergangenen Jahres zitierte: ‚Schwach ist das Volk, wenn es seine Niederlage zugibt, wenn es vergisst, dass es bestimmt war, zu wachen, bis seine Stunde schlägt. Denn die Stunden schlagen immer wieder auf dem Zifferblatt der Geschichte.'"[112]

Auch wenn Lech Wałęsa nicht nach Warschau-Zoliborz kommen wollte: Im September 1983 organisierte Jerzy Popiełuszko in Absprache mit Lech Wałęsa eine Arbeiterpilgerfahrt nach Jasna Góra. 8.000 Pilger aus verschiedenen Fabriken, Stahlwerken und Werften kamen nach Tschenstochau. Nach der heiligen Messe lasen die Arbeiter das Dankgebet eines Arbeiters: „Wir Arbeiter, hier während der ersten Arbeiterpilgerfahrt versammelt, danken dir, Mutter von Jasna Gora, für deine mütterliche Obhut. (…) Wir Arbeiter der Hütten, der Gruben und der Werften danken dir heute ganz besonders. Wir haben dir vertraut und du hast uns nie verlassen. Königin von Jasna Gora, wir bauten Kreuze in unseren Fabriken, wir öffneten die Türen für deinen Sohn, den Erlöser. Dein Sohn Jesus Christus ist mit uns. Verlasse uns nicht, denn in dir ist unser Sieg und unsere Hoffnung. (…) Segne, Herrin, unsere tägliche Arbeit, damit ihre Früchte Gott und dem Vaterland dienen können."[113]

Popiełuszko war das Meisterstück gelungen, den Arbeitern nicht nur neue Hoffnung zu geben, sondern auch ihren Glauben zu vitalisieren und mit ihrer Arbeitslage zu verbinden. Eine Verbindung, die damals für viele westliche Beobachter völlig surreal wirkte. Arbeiter mit Rosenkränzen? Gewerkschaftliche Forderungen mit Vaterunser? Ausgerechnet der gesundheitlich labile, schwächliche Priester war zum religiös-charismatischen Antriebsmotor für eine Massenbewegung geworden, die sich auch vom Kriegsrecht nicht aufhalten lassen wollte. Trotz aller Enttäuschungen.

Dabei ließ Jerzy Popiełuszko in dieser Phase, in der er in der Volksrepublik Polen wie ein umstrittener Popstar geliebt oder gehasst wurde, keinen Zweifel daran, dass er nicht nur als Priester und Katholik, sondern immer auch als Pole agierte. Dass also für ihn, Nation und Glaube, Katholizismus und Patriotismus eng vernetzt waren. Wie es in den Jahrhunderten vor dem Kommunismus ja auch stets üblich war. Während der „Messe für das Vaterland" vom 25. September sprach Popiełuszko über die polnische Kultur: „Jeder Mensch ist durch die Familie und seine Sprache mit der Heimat verbunden. Heimat bedeutet eine Gemeinsamkeit der nationalen Kultur, ihrer frohen und schmerzlichen Geschichte, einen Reichtum der Sprache, der Kunst, der Musikkultur, der Religion und der Bräuche. (…) Die polnische Kultur bedeutet ein Gut, auf das sich der seelische Reichtum der Polen stützt. (…) Von Anfang an trägt die polnische Kultur deutliche christliche Merkmale. (…) Adam Mickiewicz, unser nationaler Dichter, schrieb in seinen ‚Büchern der polnischen Pilgerfahrt', dass die wahre Zivilisation, die des Menschen würdig ist, nur eine christliche sein darf. (…) Man darf nicht schweigen, wenn der Unterricht über die nationale Kultur, Literatur und Kunst an die letzte Stelle geschoben wird und die christliche Moral durch die sogenannte sozialistische Moral ersetzt wird. (…) Eine christliche Nation braucht keine sogenannte westliche Moral, weil sie ohne Hoffnung und ohne Geist ist, wie der verstorbene Primas sagte. Sie stellt eine Gefahr für die geistlichen Werte der Nation dar und schwächt die Kräfte, die für seine Einheit verantwortlich sind. (…) Die Menschen gewinnt man mit einem offenem Herzen und nicht mit der geballten Faust. Das wahre Wissen, die wahre Weisheit und die wahre Kultur vertragen keine Ketten. (…) Kultur bedeutet einen ehrlichen Dialog und Gedankenaustausch, ehrlichen Meinungsstreit und kein Gezänk beruflicher Querulanten, die sich einseitig der Massenmedien bedienen, um andere anzuspucken."[114]

KAPITEL 9

ERMITTLUNGEN GEGEN POPIEŁUSZKO

Im Herbst 1983 initiierte die stellvertretende Staatsanwältin Anna Jackowska eine Ermittlung gegen Jerzy Popiełuzsko wegen „Missbrauchs der Gewissens- und Religionsfreiheit zu Lasten der Volksrepublik Polen". Die Staatsanwältin begründete die Einleitung der Ermittlung wie folgt: „In der Zeit vom November 1982 bis November 1983 missbrauchte er (...) mit vorsätzlichem kriminellem Handeln, als Resident der Hl.-Stanislaus-Kostka-Pfarrei in Warschau, bei der Ausübung religiöser Riten in römisch-katholischen Kirchen, wie Hl. Stanislaus Kostka in Warschau, Brigittenkirche in Danzig und im Kloster von Jasna Góra in Tschenstochau, in Predigten die Gewissens- und Religionsfreiheit in einer Weise, dass er außer dem religiösen Inhalt diffamierende Inhalte gegenüber den staatlichen Behörden gebrauchte, insbesondere behauptete er, dass die Regierung Falschheit, Heuchelei und Lügen verwende, durch anti-demokratische Gesetzgebung die Menschenwürde zerstöre und die Gesellschaft der Freiheit des Denkens und Handelns beraube. Da er die Priesterfunktion missbrauchte, hat er aus den Kirchen Orte der für die Interessen der Volksrepublik Polen schädlichen staatsfeindlichen Propaganda gemacht (...)."[115] So bürokratisch sachlich und korrekt diese Verlautbarung auch wirkte, so verlogen war sie doch. Und so wirkungslos.

Popiełuszko hörte nicht auf, die „Messen für das Vaterland" zu feiern. In der Predigt vom 30. Oktober 1983 drückte er seine Dankbarkeit an den Heiligen Vater aus: „Heiliger Vater, wir möchten in diesem Brief unsere Dankbarkeit für deine Güte, Klugheit, deinen Glauben, deine Hoffnung und deine grenzenlose Liebe und unsere Dankbarkeit für den besten Sohn des Volkes zum Ausdruck bringen. (...) Wir sind dir dankbar für die Umarmung der Mutter des ermordeten Grzegorz und für deinen vor Kurzem geschriebenen Brief an sie, indem wir lesen: ‚Liebe Frau. Ich glaube fest daran, dass gerade Sie, die Sie am Tiefsten betroffen waren und den Schmerz um den Verlust des geliebten Sohnes kennen, helfen, den Kummer anderer zu lindern.' (...) Als im vergangenen Monat der Arbeiterführer Lech Walesa den Friedensnobelpreis erhielt, hast du diese Auszeichnung als eine der ganzen Nation angesehen, für des Volkes bewundernswerte Haltung in der Zeit der Misshandlung der menschlichen Würde, der Verleumdung und der Ungerechtigkeit. (...) Wie danken für deine Nachfolge Christi in Liebe und heiliger Empörung. (...) Wir verfolgen jede deiner Pilgerfahrten und beneiden die anderen nicht immer katholischen Länder, dass sie die Möglichkeit haben, mit dir zu pilgern, deine Worte zu hören, wenn auch nur im Fernsehen."[116]

In dieser unbeugsamen Klarheit und Deutlichkeit ging es weiter. Am 27. November sprach Popiełuszko während der „Messe für das Vaterland" über das Leid des polnischen Volkes: „Das polnische Volk verstand es immer, das Opfer des Lebens und des Leidens mit dem Opfer Jesu Christi zu vereinigen." Die Sowjets waren jedoch am meisten wegen zwei Sätze aus dieser Predigt wütend: „Das Volk schaute [nach dem zweiten Weltkrieg] mit Hoffnung, wenn auch durch Tränen auf eine bessere Zukunft. Mit Tränen in den Augen nicht nur deswegen, weil es ein Unmaß an Leiden ertragen hat, mit Tränen in den Augen auch deswegen, weil Polen in einem hohen Ausmaß einen Beitrag zur Beendigung des Krieges lieferte, zwar einer der Sieger war, aber ein Drittel seiner Gebiete verloren hat, nach denen die ewige Sehnsucht bleiben wird."[117] Diese Einschätzung stimmte, passte jedoch nicht zu dem Mythos der kommunistischen Brudervölker.

Am 2. Dezember kamen zum Pfarrhaus der Hl.-Stanislaus-Kostka-Kirche zwölf Sicherheitsbeamte, um Popiełuszko zu einem Verhör mitzunehmen. In Absprache mit der Warschauer Kurie übergab Pfarrer Bogucki seinen Priester aber nicht an die Offiziere. Die Offiziere kamen zweimal an diesem Tag, aber viele Stahlarbeiter, die den Rosenkranz beteten, hatten sich im Pfarrhaus und direkt um Jerzy Popiełuszko versammelt. So wie er ihnen treu blieb, hielten sie zu ihm. Während dieser Zeit fanden auch Gespräche über die „Problempriester" Popiełuszko und Pfarrer Jankowski aus Danzig zwischen der Polnischen Bischofskonferenz und General Czesław Kiszczak, der für die Einführung des Kriegsrechts mitverantwortlich war, statt.

Zehn Tage später gelang es den Funktionären dann aber doch, Jerzy Popiełuszko zu einem Verhör zu bringen. Während der vielen Stunden des Ausfragens konfrontierten die Funktionäre den Priester mit verschiedenen Anschuldigungen. Darunter waren sogar solch absurde Vorwürfe, dass er während der Messe die Hostie in Form des Buchstabens „V" verformt habe – also das Victory-Zeichen, das die „Solidarność"-Mitglieder mit zwei Fingern zu bilden pflegten, mit der Kommunion vermenge. Als Teil des Verhörs durchsuchten die Funktionäre, zusammen mit der Staatsanwältin Jackowska,

Popiełuszkos Wohnung an der Chłodna-Straße. Man hatte die Wohnung mit belastendem Material ausgestattet. In Hülle und Fülle. Es gab dort Stapel von Propagandapresse, Druckstempel, Druckfarbe, drei Tränengranaten, zwei Dynamitladungen mit Sprengkapseln und 38 Pistolenpatronen.[118] Jerzy Popiełuszko „hat beim Anblick dieser vorher platzierten Materialien gelacht, weil es eine klare Provokation war", bezeugt Marianna Popiełuszko seine souveräne Reaktion.[119] Er selbst schrieb in seinen *Aufzeichnungen*: „Der Herr gab mir aber Kraft. Ich akzeptierte es ruhig, ich begann zu lachen und sagte: ‚Meine Herren, Sie haben übertrieben.'"[120] Die Offiziere wussten, ohne zu zögern, was wo war. Das Fernsehteam wartete schon vor dem Haus, um die ganze Sache bekannt zu machen.

Wie sich später herausstellte, hatten die Funktionäre ein paar Tage zuvor das kompromittierende Material in Popiełuszkos Wohnung gebracht und dort hinterlassen. Die drei zukünftigen Mörder von Popiełuszko nahmen übrigens auch an der Aktion teil. Während der Untersuchung der Wohnung schrieb Popiełuszko einen Zettel an Pfarrer Bogucki, den er seinem Fahrer Chrostowski übergab: „Ich habe immer die Wahrheit gepredigt. Ich habe nichts anderes getan, als die Messe für das Vaterland zu feiern und die Wohltätigkeitsarbeit zu leisten. Ich nehme die Provokation als eine Fügung Gottes für die größeren Früchte meines patriotischen und religiösen Einsatzes an. Ich will nicht, dass meine Person benutzt wird, um Leute auf die Straße zu bringen. Ich werde niemanden während des Verhörs verraten. Ich bitte um Gebet, sodass ich genug Kraft habe."[121]

Popiełuszko wurde in eine Zelle mit fünf anderen Gefangenen, darunter ein Spitzel und ein Mörder, untergebracht. Sie respektierten ihn jedoch. Einer bat Popiełuszko um die Möglichkeit, zu beichten, was er ihm natürlich gewährte. In der Zelle musste sich Popiełuszko nackt vor einem Milizbeamten ausziehen, der eine Durchsuchung durchführte. In der Zwischenzeit ging Pfarrer Bogucki zu Erzbischof Bronisław Dąbrowski, der sofort General Kiszczak, den Innenminister der Volksrepublik Polen, kontaktierte. Nach dieser Intervention des Erzbischofs wurde Popiełuszko aus der Haft entlassen. Der Plan der gesamten Aktion war von General Kiszczak persönlich genehmigt worden. „Meiner Meinung nach quälten die Sicherheitsbehörden den Priester Jerzy, weil sie dachten, dass, wenn sie einen berühmten Priester erschrecken, andere Angst haben werden. Das ist ein Beispiel für den Kampf gegen die Kirche. In der Heiligen Schrift habe ich gelesen, dass, wenn man den Hirten schlägt, die Schafe zerstreut werden", weiß Marianna Popiełuszko.[122]

Nachdem er wieder frei war, ging Popiełuszko mit Blumen zu Erzbischof Dąbrowski. Es gab auch ein Gespräch mit dem neuen Primas, Józef Kardinal Glemp, der meinte, dass Popiełuszko sich selbst und die Kirche unnötigerweise in Gefahr bringen würde. Es war ein Gespräch, das Popiełuszko in dieser Strenge nicht erwartet hatte und das ihn sehr mitnahm. Der Primas hatte sogar die Absicht, Popiełuszko irgendwo anders hinzuschicken.

Weihnachten 1983 verbrachte Popiełuszko in der Pfarrei. Bei der „Messe für das Vaterland" vom 25. Dezember sprach er indirekt über die letzten Ereignisse: „Während der heiligen Messe für das Vaterland und für diejenigen, die für dieses Vaterland leiden, habe ich nicht die eigenen Weisheiten gepredigt, sondern richtete mich nach dem Evangelium, der Lehre unseres verstorbenen Primas, Stefan Kardinal Wyszyński, und des Heiligen Vaters Johannes Paul II."[123]

KAPITEL 10

DIE SCHLINGE
ZIEHT SICH ZU

Im Januar 1984 fühlte sich Jerzy Popiełuszko geistig, körperlich und psychisch erschöpft. Schwester Jana Płaska von der Kurie sorgte dafür, dass er im Haus ihrer Kongregation, nämlich bei den Ursulinen in Zakopane-Jaszczurówka, wenigstens eine kurze Auszeit nehmen konnte. Dort also, wo auch der frühere Metropolit von Krakau, Karol Wojtyła, oft einkehrte, um zuschreiben oder neue Kraft zu sammeln. Popiełuszko bekam sogar sein Zimmer. Ausgeruht und geistig erneuert kehrte er schließlich nach Warschau zurück. Bei der Predigt für die Januar-Messe für das Vaterland lief er zu gewohnter geistlicher Bestform auf: „Die Würde zu bewahren, das heißt, sich selbst in jeder Situation des Lebens treu zu bleiben. Das bedeutet, für die Wahrheit geradezustehen, auch wenn sie uns viel kosten sollte, denn die ausgesprochene Wahrheit ist teuer. Nur die Spreu ist kostenlos. Für das Weizenkorn der Wahrheit muss bezahlt werden. (…) Man kann Würde nicht bewahren, wenn man in der einen Tasche den Rosenkranz und in der anderen das Parteibuch trägt. Man kann nicht gleichzeitig Gott und dem Mammon dienen. Erst nach einer gründlichen Überlegung sollte man die Wahl treffen.“[124]

In der Predigt der „Messe für das Vaterland" vom 26. Februar sprach Popiełuszko über die Erziehung und einen Begriff, der damals von den Kommunisten gern benutzt wurde, so lächerlich er auch wirkte – die Atheisierung: „Der Prozess der Atheisierung ist ein Absurdum, erweckt das Gefühl der gesellschaftlichen Vergewaltigung und der Unterdrückung der Persönlichkeit. (…) Eine der Ursachen der gegenwärtigen materiellen Notlage, auch des moralischen Zerfalls, ist die hartnäckige Ablehnung der Religion in der Schule und in der Arbeit, auch in der Erziehung der Kinder und der Jugend. (…) Deshalb sollen wir uns die Botschaft des verstorbenen Primas zu Herzen nehmen und den Mut aufbringen, uns öffentlich zu Christus und zur Kirche zu bekennen. (…) Denn wer leichtfertig den Glauben und die Ideale verkauft, ist nur einen Schritt davon entfernt, den Menschen zu verkaufen. (…) Das alles vergisst der Staat und erfindet einen eigenen Gott, den er Atheismus oder Laizismus nennt, und lässt das Volk sich vor ihm verneigen. (…) Ihr müsst eure Seelen abhärten und euch in die Lüfte erheben, um wie die Adler über dem übrigen Volk in die Zukunft des Vaterlandes zu segeln."[125]

In der Zwischenzeit wurde Popiełuszko wiederholt zum Verhör gerufen. Bis zum Juni 1984 gab es ein Dutzend solcher Verhöre, die den bösen Zweck verfolgten, ihn mürbe zu machen. Während man den unbeugsamen Priester mit der abgehärteten Seele im Mostowski-Palast verhörte, versammelten sich oft viele Menschen draußen vor dem Gebäude. Doch es gab auch noch andere Schikanen: Akte der Aggression, ausgeübt von der Miliz, verstärkten sich. Wenn Popiełuszko irgendwohin fuhr, wurde er manchmal für ein paar Stunden angehalten, nur damit er nicht zur vereinbarten Messe kommen würde. Manchmal stieß der Wagen des Sicherheitsdienstes während der Fahrt gegen sein Auto, sodass ein Seitenspiegel zerbrach. Sein Telefon wurde verwanzt. Zeugen erwähnen,

dass Popiełuszko diese Verfolgungen ruhig akzeptierte, obwohl er auf menschliche Weise natürlich auch Angst hatte und
sich vor diesen Einschüchterungsversuchen fürchtete.

„Als Mutter kann ich sagen, dass der Priester Jerzy viel Vertrauen hatte. In verschiedenen Schwierigkeiten und Erfahrun-
gen empfahl er sich Gott an und vertraute ihm. Er drückte sein
Vertrauen im Gebet aus. (...) Ich stelle fest, dass er ein Mann
voller Vertrauen zu Gott war. Ich habe keine Verzweiflungs-
taten bei ihm bemerkt", erinnert sich Marianna Popiełuszko.

Im März verbrachte Popiełuszko wieder eine Zeit in Zako-
pane bei den Ursulinen. Eine der Nonnen, Teresa Batogowska,
die bald nach Rom reisen würde, bat er, sich bei Papst Johannes Paul II. für die Unterstützung in seinem Namen zu bedan-
ken. Später erzählte die Schwester über ihr Treffen mit dem
Papst: „Als ich dem Heiligen Vater ein Wort der Dankbarkeit
vonseiten Jerzy Popiełuszkos übermittelte, sagte der Heilige
Vater laut: ‚Oh, kommt Jerzy Popiełuszko auch zu den Schwestern?' Ich sagte: Ja, er sei kurz vor unserer Abreise nach Rom
gekommen. Der Heilige Vater bemerkte daraufhin: ‚Das freut
mich sehr. Sagen Sie ihm, dass ich von ganzem Herzen mit
ihm bin, dass ich ihn segne und ... er soll durchhalten, er soll
durchhalten! Nehmen Sie auch diesen Rosenkranz für ihn von
mir mit. Ich habe bereits einen durch Bischof Kraszewski geschickt, aber diesen hier auch.'"[126]

Zurück in Warschau ging Popiełuszko bei der nächsten
„Messe für das Vaterland" am 25. März besonders auf das
Gebet zur Gottesmutter ein: „Heiligste Mutter! Wir, die wir
uns jeden Monat in dieser Kirche von Zoliborz zur heiligen
Messe für das Vaterland und diejenigen, die für das Vater-
land leiden, versammeln, möchten heute, während der Heilige
Vater, Johannes Paul II., dir die ganze Welt, die Völker und die
Nationen anvertraut, alle Probleme unserer Heimat, für die
wir in den letzten Jahren gebetet haben, in deine Hände legen,

denn du bist die beste aller Mütter. (…) Wir vertrauen Dir die Gefangenen von Warschau, Wartenburg, Braunsberg, Strzelina und Lubliniec an, die in vielen Fällen schlimmer behandelt wurden als Kriminelle. Aus dem Gefängnis in Lubliniec schrieb Anna Walentynowicz: ‚Vielleicht können die Worte des Papstes ‚Frieden mit dir, Polen' meine und nicht nur meine Sehnsucht nach euch und nach der Freiheit verwirklichen.'"[127]

Am 23. April 1984 feierte Popiełuszko seinen letzten Namenstag. Wie immer gratulierten ihm viele Menschen und schenkten ihm Blumen. Von diesem Tag stammt auch ein schönes Bild von Popiełuszko, das ihn in einem Sessel in seinem Zimmer zeigt, wie er umgeben von Blumen sitzt. Am 29. April fand eine weitere „Messe für das Vaterland" statt, am dritten Jahrestag der Einweihung der „Solidarność"-Fahne, die weiterhin vor dem Sicherheitsdienst verborgen gehalten wurde. An der Messe nahmen 30 000 Menschen teil.

Im Mai war Jerzy Popiełuszko dreimal in Tschenstochau. Dort feierte er auch den 12. Jahrestag seiner Priesterweihe. Am 27. Mai fand drei Wochen vor der Wahl zu den Nationalräten, für welche die Opposition zu einem Boykott aufrief, die „Messe für das Vaterland" statt. In der Predigt sprach Popiełuszko nicht direkt über diese Wahlen, aber während des Gottesdienstes wurde die Botschaft des polnischen Episkopats bezüglich der Wahlen zum Sejm im Jahr 1946 („Der Pole als Katholik gegenüber dem Staat und bei Wahlen") verlesen. Popiełuszko sagte in der Predigt Folgendes: „Wahrheit und Mut sind sehr wichtige Werte im Leben eines jeden Menschen und besonders im Leben eines Christen. (…) Mit der Wahrheit zu leben bedeutet, im Einklang mit dem Gewissen zu leben. Die Wahrheit vereinigt und verbindet die Menschen. (…) Die Wahrheit ist unsterblich, doch die Lüge stirbt einen schnellen Tod."[128]

Im Juni sandte eine Gruppe von Stahlarbeitern einen Brief an Primas Glemp, in dem sie ihn baten, Popiełuszko zu beschützen, weil sie sich Sorgen um sein Leben machten. Popiełuszko wusste nichts von diesem Brief. Als der Primas auf ihn zuging und ihm ein Studium in Rom vorschlug, weigerte sich Popiełuszko, ohne zu zögern. Glemp wollte ihn nicht zwingen. „In einer solchen Situation konnte ich ihn nicht zum Studium nach Rom schicken. Wenn ich ihn damals dorthin gesandt hätte, hätten die Leute gesagt: Der Primas kooperiert mit den Kommunisten, er ist auf einer Linie mit der Macht. Ich konnte es nicht tun! Er verstand es. Er sagte, er wolle nicht gehen. Er wiederholte, dass die Menschen ihm anvertraut worden wären und er sie nicht verraten könne.“[129]

In der Predigt während der „Messe für das Vaterland“ am 24. Juni sprach Popiełuszko über die Gerechtigkeit: „Die Gerechtigkeit verbietet, die Freiheit des Menschen mit der Verabschiedung immer wieder neuer und für die Regierenden bequemer Gesetze einzuschränken. Man soll diejenigen, die meinen, dass sie im Namen des Humanismus tätig und um das Wohl der Gesellschaft besorgt sind, an die Worte eines Walisen erinnern, der sagte: ‚Je größer die Einschränkungen der bürgerlichen Freiheiten, desto inhumaner das System.‘ (…) Die Gerechtigkeit gibt uns das Recht und die Pflicht, von dieser Stelle aus, von der schon zweieinhalb Jahre ein inniges Gebet der leidenden Herzen strömt, die Befreiung der für ihre Gesinnung Gefangenen und die Wiedergutmachung des ihnen angetanen moralischen Unrechts zu fordern. Sie gibt uns das Recht, die Freilassung der Gefangenen, die schon seit 31 Monaten ohne Urteil und Prozess festgehalten werden, ohne jegliche Bedingungen zu fordern. Die Mitarbeiter der Gerichtsbarkeit dürfen nicht vergessen, dass im Namen der Gerechtigkeit Gottes der Mensch wichtiger ist als Paragrafen.“[130]

Zwei Tage später wurde Popiełuszko mal wieder zu einem Verhör eingeladen. Im Juli bereitete Staatsanwältin Jackowska eine Anklage gegen Popiełuszko vor – aufgrund früherer Anklagen gegen ihn. Popiełuszko selbst fühlte sich damals sehr schlecht. Einer Gesundheitsbescheinigung Ende Juli nach litt er an einer malignen Anämie, einer chronischen Leberentzündung, einer Gallengastritis, einer Sinuszyste, einer chronischen Sinusitis, degenerativen Veränderungen der Wirbelsäule sowie einer vegetativen Nervenkrankheit.[131] Die „Messe für das Vaterland" am 29. Juli feierte Popiełuszko zusammen mit Pfarrer Bogucki, der auch die Predigt hielt. Er sagte: „Ich betrachte es als meine seelsorgerliche Pflicht vor dem Hintergrund falscher Beurteilungen und ungerechter Urteile, im Lichte der geäußerten Gedanken, die klare Gestalt des Priesters Jerzy Popiełuszko zu zeigen, den ich zu den besten Priestern zähle, eifrig und voll von Gottes Geist, und zu den wunderbarsten, edlen und mit ganzem Herzen dem Vaterland gewidmeten Polen."[132]

Im August fuhr Popiełuszko zusammen mit seinem Fahrer Chrostowski nach Krakau-Mistrzejowice, wo er die heilige Messe feierte und die Predigt hielt. Die Messe wurde auch von einem jungen Priester namens Kazimierz Nycz, dem heutigen Kardinal und Metropolit von Warschau, besucht. Sein Kommentar nach all den Jahren: „Popiełuszko hat die Verteidigung von Werten wie Wahrheit, Freiheit und Menschenwürde in der Predigt artikuliert. Er bezog sich auf das Evangelium, er stützte sich eindeutig auf die Lehre von Papst Johannes Paul II., der für ihn ein Meister war."[133]

Am 26. August feierte Popiełuszko die „Messe für das Vaterland" und hielt dabei auch seine letzte Predigt: „Das polnische Volk hegt keinen Hass und deswegen ist es imstande, vieles zu verzeihen, aber nur um den Preis einer Rückkehr zur Wahrheit. Weil die Wahrheit und ausschließlich nur die Wahrheit die erste Voraussetzung für das Vertrauen ist. Dieses auf so eine schmerzliche Art und Weise verletzte Volk wird keine unbewiesenen Deklarationen hinnehmen."[134]

Am nächsten Tag wurde Chrostowskis Wohnung völlig verbrannt. Seine ganzer Besitz ging in Flammen auf. Ob ihn das einschüchterte? Obwohl Popiełuszko eine Amnestie bekam, hörte die Verfolgung nicht auf. Das Büro für religiöse Angelegenheiten schickte weitere Briefe an die Bischofskonferenz. Doch die eigentliche Kampagne gegen Popiełuszko begann in der sowjetischen Zeitung „Iswestija", die ihn als gefährliche Person darstellte. Als Popiełuszko davon erfuhr, wusste er sofort, wie bedrohlich die Situation nun für ihn geworden war. Er sagte – nicht nur einmal – den hellsichtigen Satz: „Ich werde nicht mehr lange leben." Auch seine Mutter wusste, wie gefährdet ihr Sohn inzwischen war: „Die Vertreter der kommunistischen Behörden unternahmen verschiedene Aktivitäten, um den Diener Gottes zu quälen: Sie folgten ihm, drohten ihm damit, dass sie ihm die Kehle durchschneiden würden, malten sein Auto mit Farbe an, schickten anstößige anonyme Briefe, stalkten ihn mit Drohanrufen."[135]

KAPITEL 11

ENTFÜHRUNG
UND TOD

Mitte September 1984 war Popiełuszko das letzte Mal in Jasna Góra, und zwar im Rahmen einer Wallfahrt mit Stahlarbeitern. In diesem Monat besuchte er auch seine Eltern in Okopy. Es herrschte eine eigenartige Atmosphäre. Popiełuszko sagte damals zu seiner Mutter: „Du hattest, Mutter, viele Kinder, und du hast gut auf sie aufgepasst. Aber ich habe mehr Kinder, für die ich vor Gott Rechenschaft ablegen muss." Dann ließ er seine Soutane zum Nähen bei ihr und fügte hinzu: „Ich werde sie nächstes Mal nehmen oder zumindest wirst du eine Erinnerung haben." Als er von zu Hause wegging, sagte er: „Wenn ich ums Leben kommen sollte, weine nicht über mich."[136]

Am 13. Oktober 1984 fand ein erster, erfolgloser Versuch statt, Popiełuszko zu ermorden. Auf der Rückfahrt von Danzig, wo der Priester erneut in der Brigittenkirche gewesen war, versuchten drei Sicherheitsfunktionäre (Waldemar Chmielewski, Grzegorz Piotrowski und Leszek Pękala) ihn und den mit ihm reisenden Stahlarbeiter Seweryn Jaworski zu ermorden. Die Mörder überholten Popiełuszkos Wagen, um an einer bestimmten Stelle auf ihn zu warten. Als sein Wagen kam, warf

Piotrowski einen großen Stein gegen die Windschutzscheibe. Der Fahrer Waldemar Chrostowski reagierte jedoch geistesgegenwärtig und schaffte es, einen Unfall zu vermeiden.

Am 19. Oktober schließlich war Popiełuszko zu Gast in Bydgoszcz, um in der Kirche der Polnischen Märtyrerbrüder das Rosenkranzgebet zu leiten. Er fühlte sich schlecht. Er war erkältet und hatte Fieber. Freunde hatten ihm von diesem Ausflug abgeraten. Aber er hatte darauf bestanden. Nach dem Rosenkranz ruhte er sich etwas im Pfarrhaus aus. Dann machte er sich mit seinem Fahrer Waldemar Chrostowski auf den Weg zurück nach Warschau. Bei Thorn wurde ihr Auto gegen 22 Uhr von als Straßenmilizisten getarnten Sicherheitsfunktionären angehalten. Es waren dieselben drei Offiziere, die erst wenige Tage zuvor versucht hatten, Popiełuszko mithilfe des Steins zu töten.

Diesmal überwältigten sie Popiełuszko und seinen Fahrer. Sie fesselten Popiełuszko mit einer Schnur die Hände und steckten ihn in den Kofferraum. Chrostowskis Hände steckten sie in Handschellen. Dann fuhren sie weiter. Bei dieser Fahrt soll es Chrostowski, wie er selbst sagt, gelungen sein, aus dem über 100 km/h schnellen Auto zu springen. Eine sportliche Leistung.

Was weiter mit Popiełuszko geschah, kann nur aus den Prozessaussagen der Mörder und dem Autopsiebefund des Leichnams abgeleitet werden. Demnach hatte Popiełuszko die ganze Zeit im Kofferraum den Mund geknebelt und die Hände gefesselt. In der Gegend hinter Thorn kam Popiełuszko wieder zu Bewusstsein und versuchte, den Kofferraum zu öffnen. Als die Mörder auf einem Parkplatz standen, um die Nummernschilder zu wechseln, stieg der Priester aus dem Kofferraum und rannte – laut um Hilfe schreiend – davon. Piotrowski holte ihn jedoch ein und schlug mit seinem Schlagstock auf ihn ein. Popiełuszko verlor erneut das Bewusstsein. Diesmal banden die Täter seine Hände und Beine und steckten ihn zurück in den Kofferraum. Auf dem Weg hielten sie an einer Tankstelle an, wo Popiełuszko erneut versucht haben soll, sich zu befreien. Aber zwei der Täter setzten sich auf den Kofferraumdeckel.

Als Popiełuszko zum dritten Mal versuchte, sich zu befreien, fuhren die Männer in den Wald und zogen Popiełuszko aus dem Wagen heraus, legten ihn auf den Boden und Piotrowski schlug ihn mit seinem Schlagstock auf den Kopf. Dann banden die Täter an seine Beine einen Sack mit Steinen, der über zehn Kilo wog. Sie beugten seine Beine zurück und sie legten eine Schlinge um seinen Hals. Die Enden der Schlinge banden sie an seine Beine. Als das Opfer seine Beine strecken wollte, zog sich die Schlinge um seinen Hals. Dann nahmen die Täter Popiełuszko und warfen ihn, als würde ihre Grausamkeit keine Grenzen kennen, von der Talsperre bei Włocławek in die Weichsel. Es ist nicht bekannt, ob Popiełuszko noch lebte oder nicht, als er in den Fluss geworfen wurde.

Marcin Wójtowicz, der damalige Pfarrvikar in der Hl.-Stanislaus-Kostka-Kirche, erinnert sich daran, was dann geschah: „Am Samstag, dem 20. Oktober um 8 Uhr, sollte Popiełuszko die heilige Messe in unserer Kirche feiern. Nach 21 Uhr teilte Bischof Kazimierz Romaniuk mit, dass ihm der Pfarrer Nowakowski aus Thorn eine traurige Nachricht überbracht habe: ‚Der Priester Popiełuszko wurde spät am Abend in der Nähe von Thorn entführt (...).' Am Abend wurde in einer Fernsehsendung von der Entführung Popiełuszkos berichtet, bald darauf war die Kirche voll von Menschen. (...) Wir beschlossen, zusammmen mit Pfarrvikar Maciej eine Messe für die Rettung des Lebens von Popiełuszko zu feiern. Seit diesem Moment beteten unzählige Menschen voller Hoffnung in unserer Kirche für die sichere Rückkehr von Jerzy Popiełuszko", erinnert er sich.[137]

Waldemar Chrostowski, der Fahrer von Popiełuszko, hatte – nachdem er aus dem Auto gesprungen war – erstaunlicherweise keine schweren Verletzungen erhalten. Er erzählte in Thorn von der Entführung des Priesters. Zunächst wurde er vier Tage lang im Krankenhaus verhört. Währenddessen gab es in der Kirche eine ständige Gebetswache für Popiełuszko. An den Messen nahmen jeden Tag mehrere Tausend Menschen teil. Auf dem Zaun wurden Inschriften aufgehängt: „Gott, gib uns den Priester Jerzy zurück."

Marianna Popiełuszko erfuhr am nächsten Abend von der Entführung ihres Sohnes. Nachdem sie auf dem Feld und mit den Tieren gearbeitet hatte, betete sie den Rosenkranz mit ihrem Ehemann und stellte die Nachrichten im Fernsehen an. Der Sprecher meldete die Entführung von Jerzy Popiełuszko. Die Mutter fiel auf die Knie und verharrte so lange Zeit im Gebet. Popiełuszkos Vater schrie verzweifelt, als er diese Nachricht hörte: „Dass man wenigstens seine Knochen sehen kann!".[138] Am Sonntag, dem 21. Oktober, fuhren Marianna Popiełuszko und ihr Mann nach Warschau. Zur Pfarrei der Hl.-Stanislaus-Kostka und zur Polnischen Bischofskonferenz kamen Briefe aus Polen und aus der ganzen Welt. Verschiedene gesellschaftliche Gruppen schickten ihre Erklärungen und Petitionen an die staatlichen Behörden. Unter ihnen auch Lech Wałęsa und die Provisorische Koordinationskommission der „Solidarność": „Zu den Opfern des Kriegsrechts, getötet oder interniert – von angeblichen Verteidigern der Rechtsstaatlichkeit – in Streiks und friedlichen Kundgebungen –, gesellt sich jetzt der Fall des von unbekannten Tätern entführten Priesters."[139]

Papst Johannes Paul II. verfolgte das Schicksal von Jerzy Popiełuszko ebenfalls aufmerksam. „Wir waren stets auf dem Laufenden, was den Verlauf der Ereignisse betraf. Ich erinnere mich, dass der Heilige Vater mit großer Sorge und Traurigkeit, niedergeschlagen vor dem Fernsehen saß und die Nachrichten sah. Er verfolgte genau, was zu dieser Zeit in Polen passierte", erinnert sich Stanisław Kardinal Dziwisz, damals der persönliche Sekretär Wojtyłas.[140]

Am 24. Oktober sprach Papst Johannes Paul II. öffentlich über die Entführung Popiełuszkos: „Ich fühle mich tief mit diesem Ereignis verbunden und drücke hiermit meine Solidarität mit den Hirten und den Angehörigen der Warschauer Kirche aus. Ich teile die berechtigte Sorge der ganzen Gesellschaft angesichts dieser unmenschlichen Tat, die der Ausdruck von Gewalt gegen einen Priester ist und natürlich auch eine Verletzung der Würde und unveräußerlichen Rechte der menschlichen Person. Ich appelliere an das Gewissen derer, die diese beschämende Tat begangen haben und die Verantwortung dafür tragen."[141]

Am 25. Oktober ordnete Primas Glemp an, dass alle Kirchen der Erzdiözese Warschau nach jeder Messe „Unter deinen Schutz" für die Rettung von Jerzy Popiełuszko und für den Frieden in Polen beten sollten: „Wir werden weiter für die Rettung und die Rückkehr Jerzy Popiełuszkos in die Pfarrei, in der er gearbeitet hat, beten. Gleichzeitig fordern wir, dass alles, was in menschlicher Macht steht, über die Gründe, Umstände und Auswirkende dieser beschämenden Tat ans Licht kommt."[142] Der Appell des Primas wurde sogar in den Fernsehnachrichten ausgestrahlt. Er schrieb auch einen Brief an die Eltern von Popiełuszko.

Am 27. Oktober informierte General Kiszczak im Fernsehen die Öffentlichkeit darüber, dass die Entführer drei Funktionäre des Innenministeriums seien. „Niemand in Polen darf ohne Spur verschwinden. Unser Land ist nicht und wird nicht ein Dschungel der Rechtslosigkeit sein", sagte General Kiszczak.[143] Diese Aussage gab vielen Menschen Hoffnung. Doch vergeblich.

Am 30. Oktober, nach der Abendmesse in der Hl.-Stanislaus-Kostka-Kirche, trat Andrzej Przekaziński, Direktor des Museums der Erzdiözese Warschau, ans Mikrofon: „Liebe Brüdern und Schwestern, heute hat man im Wasser des Weichsel-Haffes bei Włocławek den Geistlichen ..."[144] Er konnte kaum zu Ende sprechen. So groß und laut war das Schluchzen in der Kirche, die Trauer und Erschütterung. Die Menschen gingen auf die Knie. Der Geistliche Feliks Folejewski begann laut zu beten: „Wiederholen wir dreimal diese schwierige Wahrheit – die schwierigste, besonders für euch, gequälte Brüder, und für unseren lieben Bruder, den Fahrer von Popiełuszko. Das ist Heroismus: ‚Und vergib uns unsere Schuld, wie auch wir vergeben unsern Schuldigern.'"[145]

KAPITEL 12

BEERDIGUNG

Als Kazimierz Gniedziejko, der Cousin von Jerzy Popiełuszko und Priester, vom Fund der Leiche in der Weichsel erfuhr, stieg er in sein Auto und fuhr zu Marianna Popiełuszko: „Jerzys Mutter saß bewegungslos auf einem Stuhl, neben dem Ofen, wo das Brot fertig gebacken wurde. Sie weinte nicht, sie war stumm, ernst, als wäre sie versteinert. Die Augen halb geschlossen. Ich näherte mich ihr und umarmte sie. Ich suchte nach klugen Worten des Trostes, es kam mir aber nichts in den Sinn. Am Ende flüsterte ich: ‚Tante, wir haben einen Heiligen ...'"[146]

Die Leiche von Jerzy Popiełuszko wurde zur Medizinischen Akademie in Białystok transportiert, wo die Autopsie durchgeführt wurde. Die Identifizierung wurde von Jerzys Bruder, Józef Popiełuszko, und einem der Stahlarbeiter vorgenommen. Sie konnten die Leiche erst mithilfe eines charakteristischen Muttermals und mithilfe der Zähne identifizieren. Das Gesicht war von den Schlägen so massakriert und vom Wasser so entstellt worden, dass es unmöglich war, allein dadurch die Identität festzustellen. Der Leichnam wurde in eine Soutane gekleidet, Nonnen puderten das Gesicht. Erst dann wurden die Eltern gebeten, den Körper ihres Sohnes zu sehen. „Jeder

Knochen schmerzte mich damals vor Leiden. Aber mein Leiden war nicht zu hören. Mein Mann schrie und ich war still", erinnert sich Marianna Popiełuszko.[147]

Die kommunistischen Behörden wollten, dass Jerzy Popiełuszko in seiner Familienpfarrei in Suchowola beigesetzt würde. Deshalb wurde seine Leiche zuerst nach Białystok gebracht. Aber Popiełuszkos Mutter stimmte nicht zu. „Ich habe ihn der Kirche gegeben und ich werde ihn der Kirche nicht wegnehmen. Er hat hier gearbeitet, er hat hier geliebt und gelitten, es gibt Leute hier, die ihn lieben, also wird er in Warschau bleiben", sagte sie.[148]

„Nachdem der Priester Jerzy in den Sarg gelegt worden war, führten Bischof Edward Kisiel aus Białystok, Priester aus Warschau, mehrere Priester aus Białystok den Sarg mit der Leiche nach draußen, wo mehrere Tausend Menschen warteten, darunter über hundert Taxis, die den Leichenzug bis an die Grenze der Diözese Białystok begleiteten. In der Hl.-Stanislaus-Kostka-Kirche warteten auf den Sarg mit Jerzy Popiełuszko Zehntausende Gläubige. Alle weinten, es war ein riesiges Schluchzen. Wie ich weiß, war dieses Leid für meinen Sohn in ganz Polen und auch im Ausland anzufinden", so die Mutter.[149]

Zunächst sollte Jerzy Popiełuszko auf dem Powązki-Friedhof begraben werden, aber Józef Kardinal Glemp stimmte auf Wunsch vieler Menschen – darunter Marianna Popiełuszko, Pfarrer Bogucki und der Stahlarbeiter – zu, den Sarg neben der Kirche beizusetzen, in der Popiełuszko gearbeitet und wo er die „Messen für das Vaterland" gefeiert hatte. Auf Bannern rund um die Hl.-Stanislaus-Kostka-Kirche konnte man lesen: „Er war einer, aber Millionen stehen hinter ihm."

Am nächsten Morgen, dem 3. November 1984, wurde der Sarg mit der Leiche von Jerzy Popiełuszko vor der Kirche auf einem mit einer weiß-roten Fahne bedeckten Katafalk gelegt.

Ein Kelch und eine rote Stola lagen daneben. Fragmente einer Predigt Popiełuszkos waren aus den Lautsprechern zu hören. Dann startete die Begräbnismesse, die von Primas Józef Kardinal Glemp gefeiert wurde. In der Predigt sagte er: „Können wir heute hervorragendere Intentionen für unsere Gebete haben als jene, dass der Märtyrertod Kaplan Popiełuszkos nicht nur die Beendigung seines irdischen Lebens ist, sondern dass er fruchtbar wird für uns, für ein besseres gesellschaftliches Leben, damit sich die getarnten Mechanismen des Bösen enthüllen, damit das Streben nach dem Guten, nach der Ehrlichkeit und dem Vertrauen stärker zur Geltung kommt? (…) Wir vergeben allen unseren Schuldigern, welche aus Überzeugung oder in der Ausführung eines Befehls ihren Nächsten Unrecht getan haben. Wir vergeben den Mördern des Priesters Popiełuszko. Wir hegen gegenüber niemandem Hass, wir bitten nur, dass Gott das unschuldige Opfer der Gewalt annehmen möge, auf die Reinheit unserer Herzen schaue und uns zu solcher Gerechtigkeit führe, die die Gesellschaft und unsere geliebte Heimat von allem Unrecht reinigen wird."[150] Sechs Bischöfe, etwa 1000 Priester und 800 000 Gläubige aus ganz Polen nahmen an der Beerdigung teil. Lech Wałęsa und andere Oppositionelle waren ebenfalls anwesend.

Nach der Begräbnismesse verabschiedeten sich von Popiełuszko verschiedene Gruppen. Lech Wałęsa sagte: „Auf die Liste der für Polen Gefallenen, deren Namen auf den Denkmälern von Warschau, Posen, Pommern und Schlesien stehen, tragen wir heute den Namen des Warschauer Priesters und Kaplans der Arbeiter ein. Priester Jerzy Popiełuszko wurde zum Opfer des Hasses und der Gewalt, welchen er immer das Gute und die Wahrheit gegenübergestellt hat. Am Sarg unseres Bruders versprechen wir, dass wir angesichts der Gewalt nicht weichen werden, dass wir am Dienst für die Heimat festhalten, dass wir mit der Wahrheit auf die Lüge, mit dem

Guten auf das Böse antworten werden. Wir grüßen dich mit der Hoffnung auf gerechten, gesellschaftlichen Frieden in unserer Heimat. Ruhe in Frieden! ,Solidarność' lebt, weil du dein Leben dafür gegeben hast. Wir glauben fest daran, dass dein Tod Früchte tragen wird."[151]

„Die Mörder haben nicht mit meinem Sohn gekämpft, sondern sie haben mit Gott gekämpft. Sie haben nicht Popiełuszko angegriffen, sondern die Soutane. Sie haben die ganze Kirche angegriffen. Ich verurteile niemanden, ich fordere den Tod von niemandem. Gott wird sie selbst einmal urteilen. Wie viel es gebraucht hat, so viel werden die Mörder büßen müssen. Der Herr Jesus soll ihnen vergeben. Ich würde mich am meisten freuen, wenn sie sich bekehren. Ich habe ihnen schon vergeben", sagte Marianna Popiełuszko damals.[152] Und weiter:„Meiner Meinung nach ist der Tod des Priesters Jerzy kein Ausdruck einfacher krimineller Aktivitäten, sondern ein Ausdruck des Hasses gegenüber dem Glauben und der Kirche. Mein Sohn Jerzy war nur ein Opfer dieses Hasses. Die Mörder und ihre Auftraggeber glaubten, dass die Ermordung meines Sohnes der Kirche schaden würde und sie davon abhalten würde, sich Sorge um die Gläubigen zu machen."[153]

KAPITEL 13

DER PROZESS
VON THORN

Der Prozess gegen die Mörder von Jerzy Popiełuszko, der sogenannte Prozess von Thorn, fand vom 27. Dezember 1984 bis zum 7. Februar 1985 statt. Drei Funktionäre des Innenministeriums standen vor dem Provinzgericht in Thorn: Der 33-jährige Kapitän Grzegorz Piotrowski (Leiter der IV. Abteilung des Innenministeriums, die verantwortlich für den Kampf gegen die katholische Kirche war), der 32-jährige Leutnant Leszek Pękala und der 29-jährige Leutnant Waldemar Chmielewski. Sie wurden wegen der Entführung, Folter und Ermordung des Geistlichem Jerzy Popiełuszko angeklagt und verurteilt, während ihr Vorgesetzter, der 46-jährige Oberst Adam Pietruszka (stellvertretender Direktor der IV. Abteilung), sich für die Durchführung des Verbrechens zu verantworten hatte.

Die Bevollmächtigten der Hilfsstaatsanwälte, also der Eltern von Jerzy Popiełuszko, waren die Anwälte Andrzej Grabiński und Jan Olszewski. Die Bevollmächtigten der Hilfsstaatsanwälte Waldemar Chrostowski und Józef Popiełuszko waren die Anwälte Edward Wende und Krzysztof Piesiewicz. Der Prozess war öffentlich. Am 7. Januar 1985 bezeugte Grzegorz

Piotrowski als Hauptangeklagter vor Gericht: „Oberst Adam Pietruszka, mein direkter Vorgesetzter, war über alles auf dem Laufenden. Die Ermordung des Geistlichen war nicht von Anfang an geplant, es war eher eine Art Betriebsunfall. Ich habe geglaubt, mit dem Tod des Priesters das kleinere Übel gewählt zu haben, um ein größeres zu verhindern. Wenn ich heute mit Pękala und Chmielewski hier auf der Anklagebank sitze, so geschieht das, weil sich der Priester nicht an die geltenden polnischen Gesetze gehalten hat und weil man mich beauftragte, gegen ihn als einen politischen Gegner vorzugehen. Der Gedanke, Popiełuszko zu töten, ist mir erst nach der geglückten Flucht des Fahrers des Priesters gekommen. Ich weiß heute, dass diese Entscheidung dem Sicherheitsdienst sehr geschadet hat."[154] Piotrowski bezeugte auch, dass man „weiter oben" nichts davon wusste.

Drei Tage später wurde Oberst Adam Pietruszka in den Zeugenstand gerufen. Er sagte: „Ich habe niemals Gewaltanwendung gegen den Priester vorgeschlagen. Ich habe von der Entführung des Geistlichen nichts gewusst. In meiner Unterredung mit Piotrowski habe ich lediglich die Überwachung Popiełuszkos und das Zusammentragen von Material gegen den Priester vorgeschlagen. (…) Der Fall Popiełuszko hat erst nach dessen Entführung enorme Ausmaße angenommen; zuvor war er nur einer von Dutzend Priestern gewesen, die das Kreuz am Kragenaufschlag und den Hass im Herzen tragen. (…) Ich bin im Geist des sozialistischen Humanismus erzogen worden, der das Prinzip respektiert, dass der politische Gegner mit Hilfe der politischen und gesellschaftlichen Organisation behindert und unterdrückt werden muss, aber nicht durch Anwendung von Gewalt."[155]

Das Gericht befand die Funktionäre für schuldig: Grzegorz Piotrowski, ausgebildeter Mathematiker und Vater von zwei Kindern, wurde zu 25 Jahren Haft verurteilt; Adam Pietruszka, ausgebildeter Jurist, Vater eines Kindes – ebenfalls 25 Jahre; Leszek Pękala, Elektronikingenieur – 15 Jahre; Waldemar Chmielewski, Politologe und Vater eines Kindes – 14 Jahre. Den Sträflingen wurde zweimal Amnestie gewährt, was die Strafe erheblich reduzierte. Bereits im Jahr 1986 wurde Pietruszkas Strafe von 25 auf 15 Jahre gekürzt, Pękalas Strafe von 15 auf 10 Jahre und Chmielewskis Strafe von 14 auf 8 Jahre Gefängnis. Im Jahr 1987 wurde Pietruszkas Strafe noch einmal auf bis zu 10 Jahre heruntergekürzt, Pękalas – auf bis zu 6 Jahre, Chmielewskis – bis zu viereinhalb Jahre und Piotrowskis von 25 Jahren auf bis zu 15 Jahre. Heute, im Jahr 2018, sind alle Mörder frei. Alle haben ihre Namen geändert. Eine eigene, kritische Untersuchung der Gerichtsurteile von damals, begann am 5. Februar 2002 durch das Institut für Nationales Gedenken (IPN). Ausgang ungewiss. Noch immer gibt es Kader von damals, die kein Interesse haben, dass die volle Wahrheit ans Licht kommt.

Die polnischen Medien berichteten damals, Mitte der 80er-Jahre, fast überhaupt nichts vom Prozess. Nur die polnische Nachrichtenagentur PAP schrieb etwas über den Beginn. Während einer Pressekonferenz erklärte General Wojciech Jaruzelski, der damalige Regierungschef, dass der Prozess eine große Chance sei, die Auftraggeber des Mordes an dem Geistlichen Jerzy Popiełuszko zu entdecken: „Ein Mensch, dem die Todesstrafe droht, muss in eigenem Interesse aussagen, ob er von irgendjemandem Anordnungen erhalten hat."[156]

Das war wohl etwas zu idealistisch gedacht oder formuliert. Kaum jemand glaubt, dass die Mörder den Plan der Ermordung von Popiełuszko selbst gefasst haben, sogar Jaruzelski selbst glaubte es nicht. Deshalb waren im Oktober 1990 General Zenon Płatek (ehemaliger Direktor der IV. Abteilung des Innenministeriums) und General Władysław Ciastoń (ehemaliger stellvertretender Innenminister und Leiter des Sicherheitsdienstes) für eine Weile im Gefängnis. Ihnen wurde die Verantwortung für die Tat zur Last gelegt. Beide wurden aber im August 1994 vom Regionalgericht in Warschau freigesprochen.

Der Anwalt Krzysztof Piesiewicz, der in Polen und im Ausland auch als Drehbuchautor („Dekalog", „Drei Farben") zusammen mit Krzysztof Kieślowski bekannt wurde, verlor seine Mutter schon bald nach dem Prozesses von Thorn. Sie wurde in ihrer eigenen Wohnung ermordet aufgefunden. Die Täter hatten sie auf die gleiche Weise wie Jerzy Popiełuszko gefesselt. Die Täter wurden nie entdeckt. Einige andere mysteriöse Morde sind mit dem Prozess von Thorn verbunden. Auch der Tod von zwei Polizisten, die sich offenbar zu viel mit der Aufklärung des Mordes an Jerzy Popiełuszko beschäftigten. Es bestand die Hoffnung, dass nach dem Systemwechsel 1989 in Polen alle Umstände des Todes von Jerzy Popiełuszko und seiner Auftraggeber geklärt werden würden. Dies ist nicht geschehen.

Einige Leute warfen Jerzy Popiełuszko posthum vor, er sei auf eigenen Wunsch gestorben, er hätte gewusst, was passieren würde, und hätte doch weitergemacht. Krzysztof Piesiewicz bestreitet dies entschieden: „Das ist eine gefährliche Behauptung, weil sie davon ausgeht, dass Popiełuszko für sich eine Rolle gewählt habe. Mir scheint es aber vielmehr so zu sein, dass er sich spontan und ganz natürlich in dieser Situation wiederfand und begann, darin das Evangelium zu lesen. Dies führte dazu, dass er sich an dieser und an keiner anderen Position befand, auf diese und auf keine andere Weise."[157]

KAPITEL 14

HEILIGKEIT
UND WUNDER

Auch nach der Beerdigung von Jerzy Popiełuszko im Herbst 1984 riss der Strom der Menschen, die es zu seinem Grab zog, nicht ab. Kilometerlange Warteschlangen zwischen der Hl.-Stanislaus-Kostka-Kirche und dem nächstgelegenen Bahnhof Warszawa-Gdańska wurden in den 1980er-Jahren ein gewohnter Anblick. Auf diese Weise bildete sich auf geradezu natürliche, wenn nicht übernatürliche Weise ein Kult um den Märtyrer Jerzy Popiełuszko. Sein Grab und die Pfarrei im Warschauer Stadtteil Żoliborz bekamen den inoffiziellen Status eines Heiligtums. Die Pilger brachten Kränze, Blumen und Kerzen mit. So groß war der Andrang, dass die Pilger in Gruppen, in Reisebussen und eben mit Zügen anreisten. Was bis heute so geblieben ist. „Als Mutter bin ich davon überzeugt, dass mein Sohn, Jerzy, ein Märtyrer im religiösen Sinne ist, das heißt ein Märtyrer, der das Kreuz, den Glauben und das Vaterland verteidigte", meint Marianna Popiełuszko.[158]

Am 5. November, zwei Tage nach der Beerdigung, erhielt Primas Józef Kardinal Glemp die erste schriftliche Bitte, einen Seligsprechungsprozess einzuleiten. Unterschrieben hatte diese Petition eine Gruppe von Mitarbeitern des Krankenhauses in Warschau, wo Jerzy Popiełuszko Kaplan war. Am 28. November 1984 erreichte den Primas eine weiteres Schreiben mit demselben Anliegen – diesmal von Studenten der Katholischen Universität in Lublin. Im Jahr 1985 nahm das Staatssekretariat des Heiligen Stuhles 17 Bitten aus 17 Ländern aus der ganzen Welt mit dergleichen Intention zur Kenntnis. Doch bei der Kirche ticken die Uhren langsam.

Der Seligsprechungsprozess von Jerzy Popiełuszko wurde offiziell erst am 8. Februar 1997 in der Hl.-Stanislaus-Kostka-Kirche eröffnet. Die diözesane Phase des Prozesses endete 2001. 900 Seiten von Prozessakten wurden erst an Kardinal Glemp und dann an die Kongregation für die Selig- und Heiligsprechungsprozesse übergeben. Am 19. Dezember 2009 unterzeichnete Papst Benedikt XVI. das Dekret über das Martyrium von Priester Jerzy Popiełuszko. Am 7. April 2010 wurden die sterblichen Überreste von Jerzy Popiełuszko exhumiert, um Knochenpartikel für die Reliquien zu entnehmen. Es zeigte sich dabei, dass die Leiche des Märtyrerpriesters nicht verwest war.

In einem öffentlichen Brief zur Seligsprechung Popiełuszkos schrieben die polnischen Bischöfe: „Das Zeugnis und die Botschaft von Jerzy Popiełuszko ist noch gültig. Er lehrt uns, die Wahrheit, die Menschenwürde und die evangelischen Werte zu verteidigen. Heute ist es auch in Polen notwendig, die Menschen in den wichtigsten Angelegenheiten zu vereinen. Man muss sich davon befreien, Hass und Mauern zu errichten, die trennen, und das Böse mit dem Guten überwinden. Jerzy Popiełuszko hat uns durch das Zeugnis seines Lebens gezeigt, dass der authentisch gelebte Glaube eine Haltung der Sorge um das Wohl anderer Menschen miteinschließt. Als Kaplan der ‚Solidarność' waren ihm Lügen, Armut, Schaden und Ungerechtigkeit nicht gleichgültig und so wurde er zu einer Art Patron der sozialen Gerechtigkeit in unserem Land."

Die Seligsprechung von Jerzy Popiełuszko fand am 6. Juni 2010 in Warschau auf dem Piłsudski-Platz statt. Die Seligsprechungsmesse wurde von Erzbischof Angelo Amato, Präfekt der Kongregation für die Selig- und Heiligsprechungsprozesse, gefeiert, der im Namen von Papst Benedikt XVI. den Akt der Seligsprechung vornahm. Zusammen mit ihm nahmen an der Seligsprechungsmesse etwa 100 Kardinäle, Erzbischöfe, Bischöfe und 1600 Priester teil.

„Ich betete einmal, und das war während der Schwangerschaft, für die Gnade der Berufung meines Kindes. Ich sagte damals zu Gott, wenn es ein Sohn sein würde – dann solle er Priester werden, und wenn ein Mädchen – eine Nonne. Ich habe ihn Gott geopfert, bevor ich ihn geboren habe, und ich sehe seinen Tod als mein Opfer an. In meinem Leben habe ich versucht, mein ganzes Leid für meine Kinder zu opfern", so Marianna Popiełuszko.[159]

Jan Sochoń, ein Geistlicher, der zusammen mit Popiełuszko in der Armee war, sagt: „Wenn es mir manchmal nicht so gut geht oder die Gesundheit nicht die beste ist, sage ich: ‚Jurek, wir lagen zusammen in der Krankenstation!' Ich fühle seine Gegenwart, Inspiration und ich bin glücklich, dass ich einen heiligen Freund habe, wirklich einen Heiligen! Es ist ergreifend, jemanden zu haben, mit dem man die Ansichten teilte, mit dem man zusammen betete, mit dem man zusammen krank war. Ich duzte den Mann, der später die Palme des Martyriums erhielt. Die Wege der Vorsehung sind unergründlich!"[160] Mittlerweile ist nicht nur seine frühere Schule nach ihm bekannt. Auch Straßen und Einrichtungen. Es gibt Denkmäler in Białystok, Jarosław, Danzig, Suwałki, Piotrków Trybunalski und sogar in Paris.

*

Unmittelbar nach dem Tod von Jerzy Popiełuszko begannen die Menschen damit, nicht *für* ihn, sondern *zu* ihm zu beten, da sie überzeugt von der Heiligkeit seines Lebens waren. Erste Wunder geschahen vielleicht schon vor der Beerdigung, denn viele Menschen sagten damals, sie seien von einer Krankheit geheilt worden. Seit 1984 kommen zur Hl.-Stanislaus-Kostka-Pfarrei regelmäßig Briefe mit Zeugnissen von Wundern durch die Fürsprache von Jerzy Popiełuszko. Dabei lassen sich die Heilungen durch die Fürsprache des seligen Priesters Jerzy Popiełuszko in spirituelle und physische Kategorien unterteilen. Viele Menschen bezeugen, dass sie nach vielen Jahren zum Glauben, zur Kirche oder zum Empfang der Sakramente zurückgekehrt sind. Manche schreiben über die Befreiung von Hass, wie es Popiełuszko selbst verkündete: „Das Böse mit dem Guten überwinden". Auch die Befreiung von Süchten, die Versöhnung mit anderen Menschen wird ihm zugesprochen.

Viele Zeugnisse berichten aber auch von Heilungswundern, von Krankheiten und Unfällen. Nach dem Tod von Marianna Popiełuszko im Jahr 2013 ist Katarzyna Soborak, die seit über 30 Jahren im Zentrum zur Dokumentation des Lebens und des Kultes des Priesters Jerzy Popiełuszko, das sich bei der Hl.-Stanislaus-Kostka-Kirche befindet, arbeitet, eine verlässliche Zeugin und Expertin vieler dieser Wunder. Auch in ihrem persönlichen Leben. Sie fühlt deutlich, dass Jerzy Popiełuszko über sie wacht. Zum Beispiel bei einem Autounfall. Als ihr Auto komplett zerstört wurde, überlebte sie – wie durch ein Wunder.

Eine der vielen wunderbaren körperlichen Heilungen, die durch die Vermittlung Jerzy Popiełuszkos geschahen, war etwa die Heilung von Maria Gilewicz. Im Jahr 2014 wurde bei der damals 76-Jährigen Krebs diagnostiziert. Die Ärzte entschieden sich für eine sofortige Operation, aber die Frau erkrankte an Sepsis. Sie überlebte die Behandlung, aber ihr Körper war so erschöpft, dass die Ärzte die Operation nicht durchführen konnten. Sie fürchteten, der Krebs könne sich über den ganzen Körper ausbreiten. Maria Gilewicz betete eine Novene zum seligen Jerzy Popiełuszko. Und sie entschloss sich, neun Pilgerfahrten zum Grab von Jerzy Popiełuszko zu machen, woraufhin sie sich jedes Mal der Anbetung des Allerheiligsten Sakraments widmete und an der heiligen Messe teilnahm. Sie bat ihn um das Wunder der vollständigen Heilung, sodass die Operation unnötig wäre. Als sie das dritte Mal mit ihrem Ehemann in der Hl.-Stanislaus-Kostka-Kirche war, fühlte sie sich sehr müde. Dann kam eine junge Fremde auf sie zu und sagte: „Daniel schickt mich, um zu sagen, dass alles gut wird." Dann kniete sich die Frau neben sie und betete. Danach verschwand sie. Zwei Wochen später wartete Maria Gilewicz auf die Ergebnisse der ärztlichen Untersuchung, die für die Operation nötig war. Der Arzt zeigte ihr die Dokumente, die darauf hinwiesen, dass es in ihrem Körper keinen Krebs mehr gäbe und dass eine Operation nicht mehr nötig sei. „Ich bin mir sicher, dass ich durch die Fürsprache des seligen Priesters Jerzy wunderbar geheilt worden bin", ist Maria Gilewicz überzeugt.[161]

Dieses und viele andere Wunder wurden bereits in mehreren Büchern beschrieben, in denen Wunderheilungen durch die Fürsprache des seligen Jerzy Popiełuszko verzeichnet sind. Auch das Zentrum zur Dokumentation des Lebens und des Kultes des Priesters Jerzy Popiełuszko ist in Besitz vieler Zeugnisse zu Wunderheilungen an Seele und Körper durch seine Fürsprache. Viele Pilger aus Polen und dem Ausland besuchen weiterhin das Grab von Jerzy Popiełuszko, und ein Ende ist angesichts der Heiligsprechung nicht abzusehen. Jerzy Popiełuszko scheint auch weiterhin das zu tun, was er während seines irdischen Lebens am liebsten tat: den Menschen helfen, die sich in ihrer Not an ihn wenden.

Warschau-Żoliborz, 14. September 2018

Bibliografie

E. K. Czaczkowska, T. Wiścicki, *Ksiądz Jerzy Popiełuszko. Wiara, nadzieja, miłość, Biografia Błogosławionego*, Warszawa 2017.

M. Kindziuk, *Cuda księdza Jerzego*, Kraków 2016.

M. Kindziuk, *Matka Świętego. Poruszające świadectwo Marianny Popiełuszko*, Kraków 2012.

M. Kindziuk, *Świadek prawdy. Życie i śmierć księdza Jerzego Popiełuszki*, Częstochowa 2004.

Siegfried Lammich, *Der Popiełuszko Prozess. Sicherheitspolizei und katholische Kirche in Polen*, Köln 1985.

Georg Motylewitz, *Das war Popiełuszko. Eine Dokumentation*, Wien 1985.

Artur Olędzki, *Ksiądz Jerzy Popiełuszko. Spotkania po latach. Wywiady*, Kraków 2010.

M. Pabis, Ł. Kudlicki, *Cuda księdza Jerzego*, Kraków 2011.

S. J. H. Płaska, *Wspomnienie o księdzu Jerzym*, Warszawa 2000.

Jerzy Popiełuszko, *And as Volk. Predigten und Überlegungen 1982-1984*, Düsseldorf 1985.

Bł. Ks. Jerzy Popiełuszko, *Kazania 1982–1984 wygłoszone w kościele św. Stanisława Kostki w Warszawie*, Warszawa 2010.

W. Rędzioch, G. Górny, J. Rosikoń, *Święty Jerzy XX wieku*, Warszawa 2017.

M. Kindziuk, GN 34/2017.

M. Kindziuk, Niedziela 18/2005.

http://w2.vatican.va/content/john-paul-ii/de/homilies/1979/documents/hf_jp-ii_hom_19790602_polonia-varsavia.html

http://w2.vatican.va/content/john-paul-ii/en/homilies/1979/documents/hf_jp-ii_hom_19790603_polonia-varsavia-universitari.html

Anmerkungen

[1] W. Rędzioch, G. Górny, J. Rosikoń, *Święty Jerzy XX wieku*, Warszawa 2017, S. 320.

[2] Ibid.

[3] Ibid., S. 320–321.

[4] Ibid, S. 331.

[5] E. K. Czaczkowska, T. Wiścicki, *Ksiądz Jerzy Popiełuszko. Wiara, nadzieja, miłość, Biografia Błogosławionego*, Warszawa 2017, S. 13.

[6] Vgl. Ibid., S. 15.

[7] M. Kindziuk, *Matka Świętego. Poruszające świadectwo Marianny Popiełuszko*, Kraków 2012, S. 58.

[8] Ibid., S. 41.

[9] Ibid., S. 51.

[10] Ibid., S. 49.

[11] Ibid., S. 51.

[12] Ibid., S. 45.

[13] E. K. Czaczkowska, T. Wiścicki, *Ksiądz Jerzy Popiełuszko ...*, S. 21.

[14] M. Kindziuk, *Matka Świętego ...*, S. 62.

[15] Ibid., S. 63.

[16] Ibid., S. 65.

[17] Ibid., S. 66.

[18] Ibid., S. 71.

[19] Vgl. E. K. Czaczkowska, T. Wiścicki, *Ksiądz Jerzy Popiełuszko ...*, S. 31.

[20] E. K. Czaczkowska, T. Wiścicki, *Ksiądz Jerzy Popiełuszko ...*, S. 33.

[21] Ibid., S. 36.

[22] M. Kindziuk, *Matka Świętego ...*, S. 81.

[23] Ibid., S. 84–85.

[24] E. K. Czaczkowska, T. Wiścicki, *Ksiądz Jerzy Popiełuszko...*, S. 44–45.

[25] Ibid., S. 46.

[26] Ibid., S. 48.

27 Ibid., S. 57.
28 Ibid., S. 70.
29 M. Kindziuk, *Matka Świętego* ..., S. 89.
30 Ibid., S. 88.
31 Ibid., S. 91.
32 Ibid., S. 90–91.
33 E. K. Czaczkowska, T. Wiścicki, *Ksiądz Jerzy Popiełuszko* ..., S. 71–72.
34 Ibid., S. 94–95.
35 Ibid.
36 Ibid.
37 Ibid.
38 Ibid., S. 85.
39 Ibid., S. 87.
40 Ibid., S. 88.
41 Ibid., S. 83.
42 Ibid., S. 82.
43 Ibid., S. 84.
44 Ibid., S. 89.
45 M. Kindziuk, *Matka Świętego* ..., S. 99.
46 E. K. Czaczkowska, T. Wiścicki, *Ksiądz Jerzy Popiełuszko* ..., S. 93.
47 M. Kindziuk, *Matka Świętego* ..., S. 99–100.
48 Ibid., S. 101.
49 S. J. H. Płaska, *Wspomnienie o księdzu Jerzym*, Warszawa 2000, S. 21.
50 E. K. Czaczkowska, T. Wiścicki, *Ksiądz Jerzy Popiełuszko*..., S. 97.
51 Ibid., S. 104.
52 M. Kindziuk, *Matka Świętego*..., S. 106-107.
53 http://w2.vatican.va/content/john-paul-ii/de/homilies/1979/
    documents/hf_jp-ii_hom_19790602_polonia-varsavia.html
54 http://w2.vatican.va/content/john-paul-ii/en/homilies/1979/
    documents/hf_jp-ii_hom_19790603_polonia-varsavia-univer-
    sitari.html (eigene Übersetzung).
55 E. K. Czaczkowska, T. Wiścicki, *Ksiądz Jerzy Popiełuszko* ..., S. 99.
56 Vgl. M. Kindziuk, *Matka Świętego* ..., S. 104–105.

[57] J. Popiełuszko (red. Ks. J. Sochoń), *Dotknięcie Boga. Myśli, modlitwy, wywiady*, Warszawa 2000, S. 48.

[58] E. K. Czaczkowska, T. Wiścicki, *Ksiądz Jerzy Popiełuszko ...*, S. 105.

[59] Ibid.

[60] Ibid., S. 115.

[61] Ibid., S. 111.

[62] Vgl. Ibid., S. 114.

[63] Ibid., S. 110.

[64] Ibid., S. 120.

[65] M. Kindziuk, *Matka Świętego ...*, S. 112–113.

[66] E. K. Czaczkowska, T. Wiścicki, *Ksiądz Jerzy Popiełuszko ...*, S. 123.

[67] Ibid., S. 126.

[68] Ibid., S. 124.

[69] W. Rędzioch, G. Górny, J. Rosikoń, *Święty Jerzy XX wieku ...*, S. 106–108.

[70] Vgl. E. K. Czaczkowska, T. Wiścicki, *Ksiądz Jerzy Popiełuszko...*, S. 128–130.

[71] W. Rędzioch, G. Górny, J. Rosikoń, *Święty Jerzy XX wieku ...*, S. 104–105.

[72] M. Kindziuk, *Matka Świętego ...*, S. 118.

[73] Ibid., S. 122.

[74] Ibid., S. 123.

[75] Ibid., S. 126–127.

[76] Ibid., S. 127.

[77] Ibid., S. 126.

[78] E. K. Czaczkowska, T. Wiścicki, *Ksiądz Jerzy Popiełuszko ...*, S. 142.

[79] Ibid.

[80] Ibid., S. 149.

[81] M. Kindziuk, *Matka Świętego ...*, S. 129.

[82] E. K. Czaczkowska, T. Wiścicki, *Ksiądz Jerzy Popiełuszko...*, S. 150.

[83] Ibid., S. 152.

[84] Ibid., S. 153.

[85] M. Kindziuk, *Matka Świętego ...*, S. 128.

[86] W. Rędzioch, G. Górny, J. Rosikoń, *Święty Jerzy XX wieku* ..., S. 111.

[87] E. K. Czaczkowska, T. Wiścicki, *Ksiądz Jerzy Popiełuszko* ..., S. 158.

[88] Ibid., S. 159.

[89] Jerzy Popiełuszko, *An das Volk. Predigten und Überlegungen 1982–1984*, S. 7–8.

[90] E. K. Czaczkowska, T. Wiścicki, *Ksiądz Jerzy Popiełuszko* ..., S. 162.

[91] Jerzy Popiełuszko, *An das Volk* ..., S. 9–10.

[92] Ibid., S. 11–12.

[93] Ibid., S. 13–15.

[94] E. K. Czaczkowska, T. Wiścicki, *Ksiądz Jerzy Popiełuszko* ..., S. 168.

[95] Jerzy Popiełuszko, *An das Volk* ..., S. 16–18.

[96] Ibid., S. 18–20.

[97] M. Kindziuk, *Matka Świętego* ..., S. 137.

[98] E. K. Czaczkowska, T. Wiścicki, *Ksiądz Jerzy Popiełuszko* ..., S. 175.

[99] Jerzy Popiełuszko, *An das Volk* ..., S. 21–24.

[100] Ibid., S. 28.

[101] E. K. Czaczkowska, T. Wiścicki, *Ksiądz Jerzy Popiełuszko* ..., S. 184.

[102] Jerzy Popiełuszko, *An das Volk...*, S. 30.

[103] E. K. Czaczkowska, T. Wiścicki, *Ksiądz Jerzy Popiełuszko...*, S. 185.

[104] Ibid.

[105] Jerzy Popiełuszko, *An das Volk* ..., S. 32, 34.

[106] W. Rędzioch, G. Górny, J. Rosikoń, *Święty Jerzy XX wieku...*, S. 111.

[107] Jerzy Popiełuszko, *An das Volk* ..., S. 35, 37.

[108] Ibid., S. 41

[109] M. Pabis, Ł. Kudlicki, *Cuda księdza Jerzego*, Kraków 2011, S. 128–129.

[110] Jerzy Popiełuszko, *An das Volk...*, S. 43, 45.

[111] E. K. Czaczkowska, T. Wiścicki, *Ksiądz Jerzy Popiełuszko...*, S. 197.

[112] Jerzy Popiełuszko, *An das Volk...*, S. 47, 49–50.

[113] Ibid., S. 100.

[114] Ibid., S. 50, 53–55.

[115] M. Kindziuk, *Matka Świętego...*, S. 145–146.

[116] Jerzy Popiełuszko, *An das Volk* ..., S. 55, 57–58.

117 Ibid., S. 59–60.

118 E. K. Czaczkowska, T. Wiścicki, *Ksiądz Jerzy Popiełuszko…*, S. 217.

119 M. Kindziuk, *Matka Świętego…*, S. 148.

120 E. K. Czaczkowska, T. Wiścicki, *Ksiądz Jerzy Popiełuszko…*, S. 216.

121 M. Kindziuk, *Matka Świętego…*, S. 149.

122 Ibid., S. 150.

123 Jerzy Popiełuszko, *An das Volk…*, S. 63.

124 Ibid., S. 68–69.

125 Ibid., S. 71–74.

126 E. K. Czaczkowska, T. Wiścicki, *Ksiądz Jerzy Popiełuszko…*, S. 230.

127 Jerzy Popiełuszko, *An das Volk…*, S. 74–75.

128 Ibid., S. 77.

129 M. Kindziuk, *Matka Świętego…*, S. 164.

130 Jerzy Popiełuszko, *An das Volk…*, S. 82–83.

131 M. Kindziuk, *Matka Świętego…*, S. 169.

132 Ibid., S. 171.

133 Ibid., S. 173.

134 Jerzy Popiełuszko, *An das Volk…*, S. 87.

135 M. Kindziuk, *Matka Świętego…*, S. 176.

136 Ibid. 179–180.

137 W. Rędzioch, G. Górny, J. Rosikoń, *Święty Jerzy XX wieku…*, S. 114.

138 M. Kindziuk, *Matka Świętego…*, S. 196.

139 E. K. Czaczkowska, T. Wiścicki, *Ksiądz Jerzy Popiełuszko…*, S. 319.

140 M. Kindziuk, *Matka Świętego…*, S. 198.

141 Ibid.

142 E. K. Czaczkowska, T. Wiścicki, *Ksiądz Jerzy Popiełuszko…*, S. 325.

143 M. Kindziuk, *Matka Świętego…*, S. 201.

144 Ibid., S. 202.

145 E. K. Czaczkowska, T. Wiścicki, *Ksiądz Jerzy Popiełuszko…*, S. 332.

146 M. Kindziuk, *Matka Świętego…*, S. 203.

147 Ibid., S. 212.

148 Ibid., S. 214.

149 Ibid., S. 213.

[150] G. Motylewitz, *Das war Popiełuszko. Eine Dokumentation*, 1985, S. 58–59.

[151] Ibid., S. 59–60.

[152] M. Kindziuk, *Matka Świętego...*, S. 219–220.

[153] Ibid., S. 218.

[154] G. Motylewitz, *Das war Popiełuszko...*, S. 67–68.

[155] Ibid., S. 68.

[156] Ibid., S. 64.

[157] A. Olędzki, *Ksiądz Jerzy Popiełuszko. Spotkania po latach. Wywiady*, Kraków 2010, S. 281.

[158] Ibid., S. 231.

[159] M. Kindziuk, *Matka Świętego...*, S. 35..

[160] A. Olędzki, *Ksiądz Jerzy Popiełuszko...*, S. 68–69.

[161] Vgl. M. Kindziuk, *Cuda księdza Jerzego...*, S. 155–160.

Über die Autorin

Dr. Anna Meetschen, geboren 1980 in Warschau, ist eine polnische Journalistin und Übersetzerin. Sie studierte Italianistik an der Warschauer Universität und promovierte 2010 im Fach Kirchengeschichte an der Kardinal-Stefan-Wyszyński-Universität in Warschau. Als Leiterin der Auslandsabteilung des Pressebüros der Polnischen Bischofskonferenz schreibt sie regelmäßig für diverse katholische Zeitungen und Zeitschriften. Im Fe-Medienverlag sind von ihr (zus. mit Stefan Meetschen) die Bücher *Ein Leben in Bildern. Unterwegs mit Sr. Faustyna* (2014) und *Mission Immaculata* (2016) erschienen. Für den Herder Verlag übersetzte sie *Ich bin ganz in Gottes Hand. Persönliche Notizen 1962–2003* von Johannes Paul II.

BUCHEMPFEHLUNG

Ein gerader Weg
*Der katholische Journalist,
Widerstandskämpfer und
Märtyrer Fritz Gerlich*

Er war einer der ersten Gegner
Hitlers und starb als eines der
ersten Opfer der Nazis im KZ
Dachau – der Journalist Fritz
Gerlich (1883–1934), welcher
bereits in den 1920er-Jahren als
Chefredakteur der „Münchner
Neuesten Nachrichten" zu Be-
rühmtheit und Einfluss gelangt war. Nach seiner Konversion
zur katholischen Kirche stieg Gerlich, der stets eine scharfe
Feder führte, mit seiner Zeitung „Der gerade Weg" zum bekanntesten „Krawallkatholiken" seiner Zeit auf. Bestärkt von
den mystischen Visionen der Therese Neumann von Kon-
nersreuth und seiner unbestechlichen Wahrheitsliebe.

176 Seiten, Hardcover, 12,80 €
ISBN 978-3-86357-134-4

Bestellbar bei:
Fe-Medienverlag, Hauptstraße 22, 88353 Kisslegg,
Tel.: 07563/608998-0, Fax: 07563/608998-9
E-Mail: bestellung@fe-medien.de
www.fe-medien.de